大美隶溪

上强里到时尚谷的千年嬗变

刘正武 著

ZHEJIANG UNIVERSITY PRESS

浙江大学出版社

·杭州·

图书在版编目（CIP）数据

　　大美埭溪：从上强里到时尚谷的千年嬗变 / 刘正武
著. -- 杭州：浙江大学出版社，2025. 5. -- ISBN 978-
7-308-26213-2

　　Ⅰ. G127.555

　　中国国家版本馆CIP数据核字第2025SR6862号

大美埭溪：从上强里到时尚谷的千年嬗变

刘正武　著

责任编辑	顾　翔	
责任校对	陈　欣	
封面设计	周　灵	
出版发行	浙江大学出版社	
	（杭州市天目山路148号　邮政编码310007）	
	（网址：http://www.zjupress.com）	
排　　版	杭州林智广告有限公司	
印　　刷	杭州钱江彩色印务有限公司	
开　　本	710mm×1000mm　1/16	
印　　张	15.5	
字　　数	170千	
版 印 次	2025年5月第1版　2025年5月第1次印刷	
书　　号	ISBN 978-7-308-26213-2	
定　　价	78.00元	

久仰，埭溪

关于埭溪的史籍记录不多，爬梳审读，却会让人大吃一惊，景仰之情油然而生。

倘若仅以成书论，埭溪传世的古代文献实在太少了。宋以前就已建镇的如新市、乌镇等，到了明清两代，不断推出镇志、地方史事丛录，文献灿然，而埭溪却非常沉寂。直到 2004 年，埭溪才出版了第一本地方志。而埭溪地方闻人，今人所知，在晚清民国的朱祖谋和胡惟德外，绝难再数出几个。所以初至埭溪，以为这里就是一块山地丘陵与江南平原的交合所在：每到雨季，天目山水从高处奔流而下，远古居民为了抵御定期而至的洪水，就在高山和平原接合处筑了一条大坝——"埭"就是坝的意思，被拦阻的流水就是"溪"。埭溪便得名于此。定居于此的居民世世代代繁衍生息，似乎悄无声息，但总是在不经意间给人惊喜。

1

从地理位置上说，埭溪西南倚莫干山，东部临苕溪①，南望武康，北接下菰城。近来其历史地位越来越显突出。最初是东苕溪岸边及附近山地发现新石器遗址。这些古窑址、聚落文化遗址显示，东苕溪流经埭溪的区域，曾是湖州早期人类文明发达的地区。这里植被丰茂，丘陵起伏，湖州先人扎根于此有年，累积了大量的文化遗产。下菰城作为南太湖地方政治、经济、文化核心至少有 1400 年历史，而埭溪距下菰城很近，可以推测早期深受其辐射，故地域文明极为发达。

施氏是埭溪最早也是最大的世家望族之一。秦汉的大一统让南北方文明交融日益频繁，大量北方世家望族迁居湖州，播迁中原文化，在最早的这些望族中就有施氏。施氏家族子弟中极为优秀者甚多，如：施謩，读经学为五经博士；施延，东汉建光元年（121 年）经过考核，成绩优秀，拜为侍中，汉顺帝阳嘉年间（132—135 年）为大鸿胪，阳嘉二年（133 年）出任太尉。虽然史籍载其皆为"沛"人，但汉代中后期就有子弟迁居乌程，落籍埭溪，是可以肯定的。汉代施氏家族在埭溪临水倚山而居，繁衍生息，生齿日繁。岁月流觞，约定俗成，其定居之所遂定名为施渚。

可考埭溪历史就从施渚开启。

三国时期，安吉朱氏起兵拥戴孙吴政权，朱氏将一个女儿嫁给了施氏子弟为妻。在征战中，朱氏子弟出了杰出将领朱治，他随从孙坚、孙

---

① 东、西苕溪纵贯整个湖州。西苕溪发源于天目山，经安吉、长兴到湖州市区。东苕溪也发源于天目山，经余杭、临平、德清，从南部进入湖州市区。东、西苕溪在湖州市区汇合，然后北入太湖。从理论上说，如若只写苕溪，那就是指包含东、西苕溪的区域；如若只写东苕溪，那就应该是确指。埭溪倚靠的是东苕溪。

策父子征伐黄巾贼寇，屡立战功。后又辅助孙权，鼎定江东，功勋卓著，拜安国将军，封毗陵侯。朱治先天有疾不能生育，所以收养姐姐13岁的孩子施然为子，将其改名为朱然。朱治去世后，朱然承袭恩萌。朱然少年时期就与孙权交游读书，颇有深情。孙权承孙策统领江东后，先任命朱然为余姚长，后改山阴令督领五县，并出任临川（今江西抚州）太守。建安二十四年（219年），朱然随吕蒙破荆州，杀关羽。旋吕蒙病重，孙权问谁可继任，吕蒙力荐朱然守业，朱然遂继吕蒙而镇守江陵（今湖北荆州）。黄武元年（222年），刘备东征为关羽复仇，朱然与陆逊协作，在夷陵（今湖北宜昌）大败蜀川兵马，稳定了孙吴江山社稷。朱然去世后，其子朱绩向帝王申请，又改回了施氏姓氏。史无明书，这位朱然却应该是埭溪史上第一位杰出人物。

六朝是战乱频仍的时代，埭溪在此时却极为繁盛。传世文献极少体现出这些信息，但近几十年来地下不断出土的文物让今人仔细审视着埭溪这片不一样的土地：大量青瓷出土，显示这里是商周早期青瓷的源头。六朝既是湖州汉越杂居、越文化向汉文化转型的重要阶段，也是佛道宗教盛行、外来文化与中国文化水乳交融的关键时期。很多越人从由北方迁居至此的汉人那里学习到了汉文化，如礼仪、姓氏、风俗习惯等，改变着埭溪的文化面貌。佛教的渗透离析了尚武征伐、残酷杀戮的原始文化，佛教的劝善积德、隐忍为本的哲学抚慰着离乱中苟全性命的芸芸众生。这时，好多人开始舍宅为寺，建立起湖州最早的虔诚的佛教信仰。

埭溪港口，晋永嘉元年（307年），一位叫孙德宗的富户舍宅而建立起一座寺庙，名之为崇胜院。这是湖州历史上可考的最早的五座寺庙之一。但埭溪最有名的寺庙却是精舍寺。精舍寺建于南朝陈永定年间（557—559年），为青州（今山东）刺史管聚舍宅而建，至唐大中元年（847年）改为禅院。笔者曾经同几位友人前往探访。越野车在崎岖不平的小道蜿蜒曲折前行七八千米，两侧茂林修竹，道路越来越陡，最后只能徒步攀援，向上数百米，可见之处据说是精舍寺的遗踪。残瓦断片，风啸六朝遗声；块垒房基，雨打千年古物。这里竟然在唐宋两代就已经被当时人视为古迹和游览胜地。如果生逢彼时的你未尝游过精舍寺，就会觉得人生有莫大的遗憾。比如白居易，性好游历山水，对苏州杭州的未涉足处几无慨叹，而唯以不曾去过埭溪上强山的精舍寺为憾。他写诗说："惯游山水住南州，行尽天台及虎丘。惟有上强山精舍寺，最堪游处未曾游。"是什么令白居易梦牵魂绕想去看看上强精舍寺？过了300多年，湖州人葛立方撰《韵语阳秋》，道出了其中原委：原来在精舍寺中，有"三绝"令世人刮目相看，可以使人怀古而思幽情，即陈朝观音像，商仲容所书的匾额，高过百尺的山门。嘉泰《吴兴志》载，此寺原来还有古井，广半亩，水很清澈，其中有灵鳗鱼，长有数尺，背有金线，俗称鳗菩萨。水旱的时候祈祷，这种鱼就会浮于水面。如此佳境，流连忘返或念念不忘于此的不仅仅是白居易一个人。有人考证，在白居易之前，唐初中书舍人李百药、御史大夫高智周、礼部郎中刘商、金部郎中湖州人钱起、郢州（今湖北荆州）刺史郎士元等都有诗题在精舍寺。刘商说："古殿门空掩，杨花雪乱飞。"高智周说："院古皆种杉。"钱起说："房房占山色，处处分泉声。诗思竹间得，道心松下生。"郎士元说："秋山竟日闻猿啸，落木寒泉听不穷。"伫立于精舍寺故址石块垒砌的房基，俯瞰山间遍布的竹林，在这些古人的吟诵中，你可以怀想唐代精舍寺的风情意境。"三绝"在岁月摧残、风雨剥蚀中早已不见踪影，后人只能在白居易们的慨叹和笔墨间对埭溪肃然起敬：久仰，埭溪！

宋代废除了藩镇制度，湖州原来的 24 个镇多数予以撤除，到熙宁和元丰年间（1068—1085 年）仅仅保留了 6 个镇，施渚镇居其一，可见其地位之重要。镇上还有实行包税制的施渚坊，显示其集镇的繁华和发达。从文献看，南宋初归安县只有施渚镇设立监官 1 名，属员 3 名。虽然是文官，但其他乡镇皆无。

在机缘巧合下，在南宋时期，埭溪迎来史上最繁荣的时期，这竟缘于宋王室成员的一次出行。南宋高宗绍兴十五年（1145 年），埭溪来了一位王侯公子，这人就是宋孝宗的哥哥赵伯圭。高宗赵构不能生育，没有子嗣，从赵匡胤嫡系后代孙中选出孝宗立为储君，封孝宗之父为秀安僖王。赵伯圭来埭溪是为三年前去世的父亲寻找营葬之所。这一天，普明寺的观公禅师正在为前一天晚上的一个美梦而慌张，他梦见山神告诉他，明天早上赶紧外出，有一个姓赵的贵人将路过此地。等到天亮之后，他按照山神所示，走出山门，见一位服儒衣冠者休憩于古松之下。观公禅师邀请这位书生入寺敬茶，才知道此人正是孝宗之兄、后封崇宪靖王的赵伯圭。他看中了普明寺所在的地方，想要在此营葬其父。观公禅师欣然应允，拆除寺庙，皇室封赠他一大笔钱，让他易址另建新寺。不久高宗薨，孝宗继位，埭溪一带自然成为王室每年都要亲临几次的重要所在。淳熙五年（1178 年），孝宗亲为寺庙题额"普明禅院"。埭溪倚山临水，风景绝佳，古松苍天，山林旖旎，所以南渡后的皇亲宗室、贵戚王侯、高门显第纷纷前来，或因踏春访旧，或因游历定居。在王侯贵戚陵园附近，一般都兴建有别墅，以供孝子贤孙敬孝守节。有的人退休之后，也会重新回到先人墓园附近养老以至终死（如叶梦得）。埭溪就这样成为退居林下、构建园林的京畿胜地。这里不仅有皇室墓园，今所知见，至少宋代还有鲁訔、周必大、李若水、陈与义、卫泾等声望极盛的名人及家族也营葬于此，引来其子孙世代不断到访甚至定居埭溪。如跟岳飞齐名的南宋大将孟珙及其后人，就定居在了埭溪，成为埭溪人的一分子。元灭宋后，宋宗室王亲泯然众人，文献无征，但还是给埭溪留下了许多遗迹。至今埭溪尚存南园、西园、花屏山、莫家栅、秀中坞、上庄、下庄等地名，这些地名实际是南宋王侯贵戚们所建园林名称的残存。埭溪残存的寺庙遗迹也是令人吃惊的，多处碑文显示：宋代埭溪僧人达四五百人的寺庙比比皆是，这也体现出那个时代地处杭州、湖州交通要冲的埭溪的繁荣。比如苏东坡、毛泽民和维琳禅师曾游历的铜官寺，山深而险、求则灵显的驾云寺，大唐高僧道宣开山的金山寺，建于东晋初年的菩提寺，茅坞村的显慈寺，等等。

宋代之后，埭溪的王墓多被盗掘，元代追杀宋王侯宗室以及富户，很多人隐姓埋名，王谢燕子，皆入寻常百姓人家。几代之后，已经泯然无闻。时代变迁，叫人慨叹不已。到了明中叶，埭溪作为交通重镇还在，却已经成为不断有盗寇出没的地方。而最令埭溪惨淡沦落的，莫过于晚清太平天国运动。埭溪作为交战前线，一度成为双方搏杀的战场，生灵涂炭，百姓遭殃。战后埭溪全境人口不足战前的 1/10，村墟寥落，田地荒芜，只好招募外地客民来开垦。十几年后，到光绪二年（1876 年）统计，整个埭溪还只有 4646 人，连同客民 992 人，总计还不到 6000 人。但是埭溪人是坚强的，文化是坚韧的。晚清民国时期，埭溪以山货骈集、茶笋尤盛知名，而朱祖谋、胡惟德两位地方人物在文坛、政坛双星闪耀，一时成为镇上人的骄傲。胡惟德的外交思想和从政理念，展现了从专制政治到多党竞争的时代巨变，只是当下学术界发覆尚多欠缺；而"一代词宗""词学殿军"朱祖谋的人生际遇、词学传承的风流佳话，亦需要多予以传承展示。

2005 年开启的老虎潭水库建设，让埭溪走到了湖州前台，在湖州的地位空前突出，因为自老虎潭水库建成，所有的湖州城区人都开始吃来自埭溪的水。2015 年开启的美妆小镇建设，让埭溪在整个浙江彰显了不俗的成果。美妆小镇经过 8 年多的打造，现已成为浙江"十四五"期间化妆品产业的唯一核心承载区，也是全国三大化妆品集聚区之一。

老虎潭水库是 2005 年 12 月，经过充分酝酿论证，由湖州市政府决定开建的。水库建设涉及 8 个行政村、69 个自然村、800 多户农户、5000 余个农民的迁徙问题。全吴兴有乡镇工作经历的干部大都被派往埭溪协助指导工作。为了说服农民搬迁，干部挨家挨户走进农户，经常工作到凌晨两三点钟，风里来，雨里去，其间发生了无数感人的故事。舍小家为大家，迁徙的农民走出了大山，让出了土地，献出了爱心，也实现了更大的丰收。党和政府为他们在埭溪建起农民新村，开启了多轮次岗位就业培训，大部分安置村民都参加了政府组织的竹制品加工、烹饪、计算机、机械加工、五金营销等各种培训，找到了自己满意的工作，很多人因此走上了致富道路。

如今的老虎潭水库，是湖州的优质饮用水源地。水库集水面积 110 平方千米，总库容达 9966 万立方米，正常蓄水量 7207 万立方米，日供水规模 20 万立方米左右，年供水量高达 6342 万立方米，为湖州市区和周边乡镇 67 万人的生活用水"保驾护航"。

而早在 2006 年 7 月，珀莱雅创始人侯军呈便带着他的美妆创业梦来到了埭溪，在埭溪工业园区建设了国际一流的化妆品工业基地，该工业基地于 2009 年 4 月正式投产。2015 年，正值浙江大力推进时尚产业发展，并将时尚产业作为"十三五"期间着力打造的八大万亿级产业之一之时，浙江提出利用 3 年时间打造 100 个特色小镇。在"政府引导、企业引领、行业联动"的模式下，埭溪镇领导顺势而为，决定建设"美妆小镇"，"美妆小镇"应势而生。珀莱雅的生产基地从最初的 155 亩（1 亩约合 667 平方米）扩充到 300 多亩，侯军呈在湖州的"根"也越扎越深。随着珀莱雅的快速成长，2017 年，它成功登陆上海证券交易所，成为当时的 A 股美妆第一股。如今，珀莱雅更是国内化妆品企业标杆之一。

作为省级特色示范小镇，美妆小镇规划总面积 3.28 平方千米，核心建设面积 1.33 平方千米，先后获得了"省级示范特色小镇""经信领域省级行业标杆小镇""美妆创新贡献奖""第 21 届中国美容博览会中国好品牌＆产业链大会特别战略支持奖""中国化妆品百强连锁会议 2017 优秀合作伙伴""中华美业特殊贡献奖""国家 3A 级旅游景区""中国CBE（上海）首脑精英荟站别战略支持奖"等荣誉。

围绕"美妆产业集聚中心、美妆文化体验中心、美妆时尚博览中心、美妆人才技术中心"四大目标定位，埭溪美妆小镇依托珀莱雅等上市企业引领，创新"政府＋企业＋行业"联动的市场化运作模式，重点引进化妆品及相关配套产业，构建以化妆品生产为主导的全产业链，连续成功举办国际化妆品行业领袖峰会，并使峰会永久会址落户美妆小镇。美妆小镇现已成为与上海东方美谷、广州白云美湾齐头并进的全国三大化妆品集聚区之一。

目前美妆小镇已经形成了以化妆品为主导，涵盖原料种植、研发、生产、包装、物流、销售的美妆全产业链。作为"十四五"期间浙江化妆品产业唯一的核心承载区，美妆小镇致力于打造生态化、国际范、产业兴的"东方格拉斯"。

其一，聚焦产业＋，推进产业链做大做强。美妆小镇汇聚了珀莱雅、韩佛、衍宇、泊诗蔻、乐尔福、威宝、绮丽华等一批国内外美妆企业，成功打造浙江中韩产业园。美妆小镇累计入驻企业381家，化妆品相关企业303家，连续入选省级特色小镇"亩均效益"领跑者名单。小镇内现已有国家级高新技术企业超过10家，省级科技型中小企业30多家。

其二，聚焦创新＋，推进特色品牌影响提升，建成科技孵化园、美妆科创中心等产业园，成立全国首家化妆品行业监管所，专设非特化妆品备案受理延伸点，打通服务企业"最后一千米"。成功创建全省首个国家药品监督管理局高级研修院化妆品教学基地，累计培训人数达上万人次。举办美妆购物节、化妆品行业领袖大会、国际玫瑰文化节等特色美妆活动，打造独具辨识度的美妆小镇文化IP。

其三，聚焦形态＋，推进特色旅游迭代升级。围绕"生产、生态、生活"三生融合的发展理念，加快文商综合体、情景商业街、美汇商务中心等配套设施建设，以"时尚"为核心，以山水资源为特色，依托国际美妆时尚博览中心、珀莱雅化妆品、玫瑰庄园、赢谷生命度假区、驾云山森林景区等景区点位，打造绿水青山中的文商、产创、乐活、农旅新业态空间。

久仰埭溪，这里经历了秦汉的沧桑，六朝的风雨，唐宋的辉煌，明清的千回百折。久仰埭溪，这里正在崛起的现代化美妆小镇，几年时间就令人刮目相看：投资上百亿元的化妆品产业扮靓了小镇，让笔者这个热爱埭溪的人每闻佳讯便狂喜不已。审美开启了埭溪的未来新路，美正在铺满埭溪的大街小巷，乡村原野。

风树千载，花满盛地，承流宣化，景物宜人。

久仰，埭溪！

目 录

1

第一章

埭溪研究的学术源起与路径

　　埭溪是界于杭州市与湖州市之间的一座小镇，依山傍水，物产丰富，在行政区划上今隶属湖州市吴兴区。

　　自天目山蜿蜒以东，莫干山高耸入云，而莫干山东北侧山峰渐次低矮，平缓间多沟壑纵横，深壑多为莫干山水冲刷而成，深壑处多成河流，积淀处终成湖泊。而山势险峻，水流湍急，自西南—东北水流冲积而下处有起伏的盆地，就是今天埭溪的核心区域。早在旧石器时代这里就开始有人类活动，到了新石器时代开始形成定居点。此处依山傍水，东侧形成南北向的河流，为东苕溪，西侧则是莫干山余脉。莫干山水在雨季会形成洪水反复冲刷这块盆地，为了抵御洪灾，定居在这里的人民很早就筑坝拦阻洪水，以守护家园。所筑造的拦洪大坝被称作"埭"，这条被勤劳勇敢的人民拦截并制服的洪水，穿过了整个平原，又沿着坝体蜿蜒流入东苕溪。

这就是这块盆地后来被称作"埭溪"的缘由。

埭溪早期有上强里，南北朝时期有卜城[①]，后又有施渚[②]等地名。从宋代开始，施渚这个名称逐渐为地域政权所接受并成为镇级区域统称。虽然宋代以来区域所指范围时有扩大或缩小，但是核心地域始终鲜有变化，一直沿袭至今。今埭溪镇地处吴兴区南部，东与东林镇相接，南西与德清县武康镇、莫干山镇毗邻，西北与安吉县梅溪镇、长兴县和平镇接壤，北连妙西镇，东北仍与东林镇相连，行政区域面积173.6平方千米，辖区有 4 个社区、20 个行政村，人口 35,649 人。

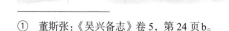

---

① 董斯张：《吴兴备志》卷 5，第 24 页 b。
② 谈钥：《吴兴志》卷 6，第 2 页 b。

第一节　埭溪研究的学术回顾与总结

早在上古旧石器时代，埭溪镇五石坞村一带就有人类活动。到了新石器时期，经历马家浜文化、崧泽文化、良渚文化、钱山漾文化的洗礼，在钱山漾文化后期，埭溪镇跨越了从石器时代到青铜时代的伟大变革，开启了文明曙光行程。至今遍布东苕溪流域的大量原始瓷窑址，可以证明这里在距今 4000—3000 年前，曾经烟火万家，从事手工制作的工人把人类文明的星火，一代代传递给后人。因此这里也被称作原始瓷的发源地。在从良渚到下菰城——从最后一个石器时代的集大成城市遗址，到以青铜文明为特征并延续到春秋战国时期的区域核心城市，埭溪镇就位于这两者之间的水路要道上。

埭溪早期知名的区域中心集镇，唐代称作上强，宋代为施渚，明代为上沃，后为埭溪。当然区域中心的位置也有变化。唐代之前的历史尚缺乏考证，但是我们从宋代的文献中可以知道，埭溪有一个叫作卜城的地方。"古卜城。《统记》云：'在乌程县西南六十里。'《宋略》云：'龙骧将军益州刺史卜天与所筑，因名古卜城。'"①

可见在唐代之前的南北朝时期，区域中心尚有军事化的城池存在。这一问题，并没有被学者重视与关注。比如马峰燕《宋代施渚镇考》对唐宋以来从施渚镇到埭溪镇的区域经济兴盛与衰落做了考据，对区域地理形势和历史沿革描述较为详细，但并未关注到卜城的存在与衰落。②实

---

① 谈钥，《吴兴志》卷 18，第 19 页 b。
② 马峰燕：《宋代施渚镇考》，《中国历史地理论丛》（2010.2），第 139 页。

际上卜城才是唐代之前这一区域具有核心地位的中心。汉晋时期，汉越杂居曾经长期存在，而埭溪一带僻处山区，原始交通非常不便，因此这一带更加具有军事化保护自我、消弭匪盗、建构独立于王朝组织的可能性。卜天与是余杭人，生活在东晋末到南朝宋时期。余杭与武康接壤，埭溪一带在历史上很长时间由武康管辖。卜天与在埭溪一带建设卜城，极有可能是家族势力扩张的一种展示。卜天与后来战死，受到朝廷表彰。但卜城随后衰落，大概也从此开始。而经历隋唐，至于宋，卜城残基尚在，地方志屡屡提及；①也有当地村民称，卜城已被淹入老虎潭水库。这一情况是否属实还需要考古工作者予以进一步探究。总之，卜城—上强—施渚—上沃—埭溪是递相承续的区域中心。

马峰燕《宋代施渚镇考》一文首先详述了施渚镇的地名变化情况。其次描述了施渚镇的道里考证，并根据文献对施渚镇所在的位置以及周边的区域形势做了分析。最后考据施渚镇在北宋兴盛和在南宋衰落的原因。文章认为，北宋时期的施渚镇位于连接湖州与杭州的陆路交通要道上，所以在此设税场征收商税，商业非常繁荣。文章还提供了嘉泰《吴兴志》等历史文献作为依据。

马峰燕是极少的较为深刻地研究埭溪历史地理的学者，其文献考据也十分精到，但是其论文的结论，有明显的纰漏。其认为："南宋前期是施渚镇经济发展的又一个高潮时期。但是如此繁盛之局面到南宋中期就急剧改变了。大约从孝宗末到宁宗时期的 30 多年中，施渚镇进入衰落时

---

① 谈钥：《吴兴志》卷 18，第 19 页 b。

期，并于 1200 年被裁撤。"①

文章认为，到南宋时期，江南运河交通地位愈加重要，施渚镇所在陆路通道之地位下降，导致该镇税场被废除，最终因衰落而被裁撤。

需要指出，关于施渚镇税场被裁撤，还需要关注以下几个时代原因。

一是南宋初年各种税收暴涨有滥收苛政之嫌，引发孝宗下决心对商税加以整治，裁撤征税机构和人员数量，以限制其权力。

二是南宋初年孝宗将自己的父亲秀安僖王安葬在埤溪之后，埤溪地方大量的经济往来与皇家或者随之而来葬于此处的王公贵戚相关，惯于苛捐杂税的地方征税者们不得不收手，故而难以获得更多的税收资源。这至少是施渚税收减少乃至最后被裁撤的重要原因，不应该被忽视。

按照常规的推测，皇家以及大量王公贵戚在每年春秋二祭之时，必然浩浩荡荡前往埤溪，举行祭祖大典，埤溪骤然获得大量的外来消费者和各种人力、物力资源，应该更加繁荣才对，怎么会因为税务机构被裁撤而衰落？显然其中有仅仅依靠文献推测或者阅读文献并不完整而导致的结论偏差。

相对东部平原，埤溪处在山地与平原交集的地方，不仅不富裕，与东部相比，还要落后一些。因此这里很难引起更多的关注。

宋代在施渚设税课局，后来裁撤，并不意味着镇域经济的衰落。而元代在这里设置巡检司，更表明了这一带的重要性。明洪武二年（1369年），施渚移治于上沃。定居于此的农民一旦发迹，就会设法迁徙到东部平原去定居，为自身及子孙后代开辟新生活。最显著的例子是明代的茅

① 马峰燕：《宋代施渚镇考》，《中国历史地理论丛》（2010.2），第 139 页。

坤家族。

茅坤家族发源地颇有蹊跷，原因有二。

一是其家族成员性格豪放，甚至不羁，才华横溢，多不安于守法。

二是从传世的画像看，茅坤及其家族成员有大络腮胡须，这与传统江南人形象颇不相符。据考证，元代的茅氏家族曾经在绍兴一带为官，后来迁徙于埭溪定居。

据茅氏族谱，茅坤八代祖茅骥，元末曾经为池州（今安徽池州）总管，农民起义爆发后隐居归乡，又从原所居地埭溪凤凰山迁徙定居于花林，随后才有了花林茅氏的兴盛。茅坤卒后，时值晚明，时局动荡，茅氏子弟仕宦屡遭挫折，茅维在万历四十四年（1616年）返回故里埭溪，开始营造洁溪别墅，三年后别墅落成，茅维以洁溪别墅为家开始定居埭溪。

直到去世，茅维离开埭溪大约只有3年（从1629年赴京城上疏言兵，追逐功名，被罪入狱，到1632年返回埭溪）。在茅维后半生的约30年时间里，他的大量的文学创作，多数是在埭溪洁溪别墅完成的。也因为茅维的著述被学者赵红娟从美国哈佛大学发现并引介回国，所以我们今天得以因茅维的大量文学文献记述而更加深刻地了解晚明时期的埭溪。①

茅维所营造的洁溪别墅具体位置在何处？笔者与友人多次寻访遗迹，曾经经历过很多曲折。从地理形势看，似乎是今埭溪镇茅坞村；同时，

---

① 赵红娟：《哈佛大学燕京图书馆藏茅维〈茅洁溪集〉及其价值》，《中国文学研究辑刊》（2018.1），第146—156页。想要了解赵红娟对茅维的研究，还可参看她的学术论文《自我投射与时事缩影：茅维杂剧探究》以及《感愤时事，托古慰志：茅维杂剧新资料的发现与内容探究》等。

上强村有涧溪，而涧溪似乎就是洁溪的别称。但是似乎都无确凿的证据。茅维曾经多次写及洁溪别墅的周围形势，也曾经邀请很多诗人、学者、官员莅临埭溪洁溪别墅，因此为埭溪留下了很多诗歌曲赋，现已成为书写埭溪山水风情美景的绝唱，汇成了埭溪历史上精彩的文学篇章之一。

茅维隐居有家境败落、躲避家事纷扰的原因。随后明亡清兴，埭溪迎来一批因反清而隐居的志士，其中以夏古丹、张弨最为知名。反清势力的活动也吸引了像吕留良这样的文化豪绅经常往返其间，甚至安置房产田舍。

历年以来，对地处杭湖之间的埭溪的历史进行研究的论著和文章非常少，唐代之前的历史主要依靠考古发掘的论证，唐宋元明清则有少量的文献传世，断管残沈，类同吉光片羽，十分珍贵。如同茅坤家族回到埭溪一样，也有生活在更加艰苦地区的人会迁徙到埭溪来谋生。明清两代，就不断有山西、河南等地的移民前来开垦山地。这些移民在明清文献中被称作"棚民"，因为他们在开垦客居期间大多居住在简单的棚子里。他们又被称作"客民"，以区别于这里的土著。土客之间为了争夺利益经常发生矛盾，这是贯穿整个明清两代江南地区社会底层的普遍性问题。

依托为数不多的材料，冯贤亮研究了明清江南土著与客民的矛盾，认为明清江南地方行政十分重视安民弭盗，以更好地维护社会安定。但复杂的水乡生活环境、行政跨界之禁以及在社会动荡之际出现的各种盗匪之乱，对城乡社会造成了严重影响。晚明以来乡镇社会力量的弱化，使国家权力不得不更多地渗透至农村社会，以强化社会治理。这样从城市、市镇到村落的不同层面，根据巡检司的布置与州县佐贰官的分防，便呈现出了不同的管理状态与治理成效。适应水乡环境而设的生活空间的水栅管控及其功能，有其地方独特性。而从明清时期地方治理的进程来观察，巡检司的设置有减少之势，州县佐贰官的分防却在增加，保甲制度得到了进一步重视。江南地区弭盗安民的样例实有其普遍意义，能反映出在社会不安定情势下，国家权力在基层社会的总体表现及其局限。其中埭溪就是十分显著的案例。[①]

以埭溪为个案，冯贤亮的研究基于较为丰富的江南地方志材料以及各种官方档案。他认为，对客民即棚民或外来移民，历朝都有相应的措置与管理制度，但在整个清代，社会问题和土客冲突长期未能很好解决，一直是影响东南地方社会的大问题。这一方面影响到了地方社会的稳定，另一方面加重了政府施政的烦琐困难程度。

在同治（1862—1874年）初期，客民问题日益严重。冯贤亮揭示咸丰（1851—1861年）年间的若干社会变化，并以埭溪为解析个案，对清代江南客民政府控制的实态，以及在控制相对薄弱的政区边界地带行政机能的发挥、地方行政的实践等问题，都做了深入探讨。通过重新审视清代咸丰朝以后中国地方社会的发展状态，冯贤亮指出清代地方行政的实际能力并未因太平天国运动的爆发而出现崩废，其控制强度也未被弱化。[②]

[①]　冯贤亮：《明清江南的乡居环境、盗匪防范与地方治理》，《明清论丛》（2022.1），第251—282页。

[②]　冯贤亮：《社会变动与地方行政：清代江南的客民控制》，《传统中国研究集刊》（第6辑），第460—476页。

通过对宗源翰①文献、地方志文献等的挖掘和梳理，冯贤亮提炼出了埭溪在太平天国运动后的土客之争、地方治安情况，作为江南地区在太平天国运动后社会由乱转治的范例。实际上学术研究需要多方获取材料，仅仅依靠地方官的公文文献，容易产生偏颇。比如当代的埭溪客民的后代们，虽然已经与当年的土著完全融合为一体，但在文化习俗上尚有分别，另外，先代的描述、零星的民间文献如家谱记述，与官方的告示、禀、札等，观念也不完全一致。清代官方的社会治理粗暴简单和刀笔吏上下其手，很容易造成冤假错案。这是值得引起注意的。

埭溪尽管唐代就建镇，但是在 21 世纪到来之前始终没有地方志的编纂，因此丛集旧编、整理残帙，都非常困难。这是非常遗憾的事情。在太平天国运动期间，埭溪人口的损失超过 90%，随后而来的大量移民重新构建家园，开启新生活。虽然地方经济在晚清光绪（1875—1980 年）以及民国时期一度恢复，地方闻人辈出，朱祖谋、胡惟德、林鹍翔等驰名海内，文化再现兴盛之貌。但是这些文化学者都是走出埭溪成就事业的，晚年也极少回归乡里，因此对于地方的关注不够。尤其是到了日寇侵华之际，大量的地方文献整理修纂事业，多不遑顾及。而地方望族蔡氏家族（尤其是蔡振绅）、林氏家族则在这方面有较多的投入。

地方的研究，尤其是地方志的修纂，需要和平的社会文化环境以及地方人文的长时间积淀。2004 年，吴以群编纂的《埭溪镇志》终于出版，这是迄今为止埭溪的第一部地方志。

---

① 宗源翰（1834—1897 年），字湘文，江苏上元（今江苏南京）人，光绪初曾任湖州知府，有政绩，对埭溪土客矛盾采用保甲制度进行治理。传世著作有《颐情馆闻过集》等。

2004 年版《埭溪镇志》分为 6 篇、36 章、133 节来记录描述埭溪全貌，前有序言，后有后记。

2004 年版《埭溪镇志》穷搜文献，广征博引，上溯至上古人类历史活动（主要依据 20 世纪以来埭溪的大量考古发现），全面描述了埭溪发展历史。其中大量翔实的数据，记录了埭溪的经济社会全面发展的情况，尤其是全书全景式记录了世纪之交埭溪经济社会的发展，抢救性地载录了大量历史资料，保存了埭溪的大量文献，故而得到了很高的评价和赞誉，在当时的历史条件下，取得了非常高的成就。[①]

2004 年版《埭溪镇志》也有一些不足和缺憾。首先，是文献不足和学术传承不足。在 2004 年版《埭溪镇志》之前，从未有过埭溪地方志的编纂，所以埭溪缺乏历史文献的考据和学术传承的基础，这给后世编修志书带来很大的困难。所以 2004 年版《埭溪镇志》漏载了大量的历史文献资料，很多今天使用文献数据库可以轻易检索到的埭溪事件、人物、名胜等，没有被写入书中。例如，茅坞村茅维建设凌霄阁、洁溪别墅，从晚明到清初，吸引了大量的文化名人前来，成就了一段佳话。但是 2004 年版《埭溪镇志》出于文献短缺原因，对此竟只字未提。

其次，根据吴以群的回忆文章，我们知道吴以群最早撰写埭溪地方志是在 1989 年，之后积累资料用了十多年。当时查阅文献资源的条件有限，吴以群尚不会使用电脑打字，更少有机会检阅古籍文献。虽然他放弃了大量的休息时间，拜访了各界地方闻人和社会学者，取得了大量第一手地方文献材料。但是那个年代，尚处于私人修志、政府支持、社会

---

① 吴以群：《埭溪镇志》，第 1—16 页。

力量赞助的阶段，个人力量薄弱，所纂修的地方志在总体纲目、政治性、导向性、文献搜集整理等方面，还存在大量的缺漏。尤其是在即将编修完成地方志的 2001 年，乔溪乡、梅峰乡并入埕溪镇。如果不写乔溪乡、梅峰乡二地状况，《埕溪镇志》就不完整；如果重新编排材料，时间上又来不及。

我们看到在 2004 年版的《埕溪镇志》中，大量的数据，没有包含乔溪、梅峰二乡。书中多处地方都不得不特别注明"不包括乔溪、梅峰两乡"，如：第 16 页涉及埕溪镇行政区域；第 30 页涉及行政村沿革；第 113 页涉及人口数据；第 114 页涉及人口结构数据；第 162 页涉及乡镇企业数据；第 180 页涉及农业经济数据；第 204 页涉及家畜养殖数据；第 218 页涉及水利农机数据；第 221 页涉及林业数据；第 227 页涉及竹副产品数据；第 246 页涉及商业数据；第 260 页涉及审计数据；第 264 页涉及企业财税数据；第 330 页涉及工会数据；第 381 页涉及教育史数据……都特别标明"不包括乔溪、梅峰两乡"。这既可以看作吴以群严谨的学风和实事求是的精神的体现，同时也要理解这些缺漏是由历史造成的，不能苛求于以一己之力担当重任的吴以群。

尽管如此，吴以群在短时间内已经尽全力完成此书，如果说书中有缺漏，那恰恰是留给后人的艰巨任务。我们无意于指责吴以群编纂《埕溪镇志》的工作，相反，我们崇仰他数十年如一日、矢志修志的文化精神，要继承他勤奋刻苦、一丝不苟的中国传统文化学者的精神内涵，并对吴以群筚路蓝缕、以一人之力扛起《埕溪镇志》重任、编纂出版了千年古镇第一部地方志的壮举致以最崇高的敬意。

当代埭溪的发展令世人瞩目。经济社会发展全面进步，社会治理工作取得显著成果，文化事业空前繁荣，生态保护意识不断增强，在中国共产党的领导下，埭溪人民正奋力谱写中国式现代化的精彩华章。尤其是 21 世纪以来的两件大事都证明了这一点：一是建设湖州人民的"大水缸"工程——老虎潭水库；二是美妆小镇的横空出世。

关于老虎潭水库建设的文献梳理，尚停留在新闻报道、原始文献档案和大规模移民的口耳相授上，而关于美妆小镇崛起已经出版了一部著作，即《从美丽事业到共同富裕：侯军呈和中国美妆小镇的乡村振兴探索》。这部著作聚焦侯军呈义利兼容创办事业的奋斗历程。了解他在埭溪美妆小镇崛起过程中的中流砥柱作用，对于了解在政府推动下的区域经济社会发展、企业借势壮大腾飞，以及工业化背景下的乡村振兴之路，很有裨益。老虎潭水库建设和美妆小镇的崛起这两件大事，都是在吴以群编纂出版的 2004 年版《埭溪镇志》之后发生的。

当代经济社会发展飞速进步，科技创新日新月异，推动了埭溪的全面进步。昔日的僻远山乡，如今已经成为各界瞩目的焦点，甚至美妆小镇也成为湖州重要的经济增长点。这些使得当代埭溪研究显得尤为重要。

第二节　本书研究的方法及路径

考察埭溪区域范围内的历史脉络与发展，从学术研究的角度，审视其发展进程中的重大转折和重要关键节点，是本书的要点。研究并宏观把握作为时空坐标点上的埭溪的历史脉络，需要关注空间影响力来源的动态变化，以及时间上的先后顺序。比如研究上古历史，应该把埭溪放在南临良渚文化核心城市、北接青铜文明特征鲜明的下菰城之间的节点来考察。而整个东苕溪区域，河流两岸密布着大大小小无数的原始瓷窑址，这些瓷窑是世界上最早创造性烧制原始瓷器的地方，而埭溪正在其中。

因此，研究一个地区，必然要将其放在相应的历史方位和恰当的空间中去表达，只有这样才能够更加深入地理解区域发展的来龙去脉和盛衰原委。

对于埭溪区域历史的研究，既缺乏连续不断的文献记述材料，也没有早期较为翔实的地方志文献可供参考，因此一些零星的史料就显得尤为珍贵。比如宋代嘉泰《吴兴志》就曾详细记述上强山精舍寺。

精舍禅院：在施渚。陈永定中青州刺史管聚舍宅为院。（见《旧经》）。① 唐大中元年改为禅院。院中有井，广半亩。水甚清泚，中有灵鳗，长数尺。背有金线，俗呼为"鳗菩萨"。井殊灵异，水旱如祷，即见井面。②

这段文字所述的李百药、高智周、钱起、郎士元各有题诗，并未得到后世学者的关注。多数人以为，这不过是寺院的僧人或者传讹者的一种夸张和引申。但是如果将人物的历史行迹与历史情境相联系，便会认同这种文献记述并非空穴来风。比如李百药是北方人，其父为官显赫，多数的功业也在北方建立，怎么可能会在僻远的一个南方小镇山上的寺庙里留下

① 《统记》载：管聚舍宅，后再到游览，题诗有"昔舍家山为梵宇，今来此寺览遗踪"之句。又，白乐天诗《寄题》曰："惯游山水住南州，行尽天台及虎丘。惟有上强精舍寺，最堪游处未曾游。"又唐中书舍人李百药、御史大夫高智周、金部郎中钱起、郓州刺史郎士元各有题诗在寺。
② 谈钥：《吴兴志》卷13，第31页a。

一首诗歌？只有追索李百药的个人行踪历史，才能为我们解开这个谜。隋炀帝时期李百药被贬谪到南方为官，刚到湖州就遇到叛乱。沈法兴、李子通、杜伏威、辅公祐占据江南，割据一方，相继叛乱。但是叛乱的南方土著不敢造次，都希望有声望的家族子弟来辅佐、撑场面。所以李百药不仅没有受到伤害，反而获得众星捧月般待遇。其中沈法兴的大本营就在武康，埭溪那一时期归属武康管辖，地域相邻，相距不过数十里。李百药到精舍寺题诗，具有历史的可能性。

法国近代知名的地理学家A.德芒戎（1872—1940 年）曾经在对人文地理学进行定义的时候，指出了研究人文地理学的三个原则。

第一原则：不要认为人文地理学是一种粗暴的决定论，一种来自自然因素的命定论。人文地理学中的因果关系是非常复杂的。具有意志和主动性的人类自身，就是扰动自然秩序的一个原因。

第二原则：人文地理学家应当依靠地域的基础进行研究。凡是人类生活的地方，不论何处，他们的生活方式中，总是包含着他们和地域基础之间一种必然的关系。使人文地理学不同于社会学的，正是这种对地域联系的考虑。

第三原则：为了全面地说明问题，人文地理学不能局限于只考虑事物的现状。它必须设想现象的发展，追溯过去，也就是求助于历史。许多现象，从现在的条件来考虑似乎是意外的，如果从过去的条件来考虑就可以解释明白了。历史展开了辽阔的视野，使我们看到过去这么多相继出现的人类经历。①

---

① A.德芒戎：《人文地理学问题》，第8—12 页。

分析埭溪的发展历史，非常适用于此三原则。返回到十多年前，美妆小镇落地埭溪前，人们无论如何也难以想象，一个僻处山乡、难以招商引资又没有特殊天然资源的地方，如何快速发展，摆脱贫困。正是最具有革命性、创造力的人，以其创造性的活动，改变着埭溪的区域形象和命运。

当代的经济社会如此，古代发展史上同样有类似的现象。比如当太平天国运动导致埭溪人口"什不存一"的时候，突然涌入的外来人口占据了山林，与原住民抢夺资源，一切旧的传统秩序和经济活动、社会活动，都一度陷入了扭曲和紧张，这让地方陷入了几十年的混乱。

本书在自觉恪守A.德芒戎上述三原则外，也非常重视研究地域闻人的经历以及有关活动。在人类社会活动中，个体是渺小的，但是在关键历史时期或者某些重要的领域凸显出来的人物，是可以折射地方在彼时的风貌和轮廓的。埭溪僻处山区，很多家族成员走出埭溪获取成功，并非个例。这种情形一直延续到晚清民国，朱祖谋、胡惟德等都是依靠走出山区才获得成就的。而祖源地也在各个方面得到了他们的支持。朱祖谋甚至直接将自己的号定为"彊村"，那就是他自己的出生地。很多人只知道《宋词三百首》作者是"上强村①人"，却没有把这位显赫的文化人物与埭溪联系起来。这说明了追索地方闻人的重要性。同样的理由，"人民楷模"国家荣誉称号获得者王启民同样有很深厚的家乡情结。研究揭示地方人物与地方的关系，也是本书重视地方人物研究的一个表现。

---

① 彊为强的繁体字。当用作人名时，用繁体；当用作地名时，可采用简体。

第三节　本书各章要点

本书分为六章，除第一章为全书的引言和介绍，其余六章各以一个主题展开叙述。其中第二到第四章主要追溯古代、近代埭溪历史及埭溪人物。

第二章主要依靠近百年来的考古发现，来叙述埭溪的上古历史。其中大量的文献材料援引未必直接与埭溪相关，但是可以反映在相应的历史时刻，埭溪的周边的历史发生的情境。对于历史的解读往往需要通过一斑窥全豹，譬如只要通过了解近几十年来埭溪出土的一些青铜时代的器物，以及一些墓葬的形式，我们就可以回溯相应时代的社会组织、人民生活状态以及彼时的审美、信仰和文化等。

第三章主要解读从上古到中古时代埭溪的地方发展。从施渚的由来，解读后世对于施氏南迁的历史记述，追溯中古时期汉越文化的融合与形塑。其中大族迁徙与地方政权组织推行的地方认同、权益分配政策以及儒学的社会文化思想的中流砥柱作用密切相关。当然，山越——亦即原始的地方土著与移民之间的矛盾，始终存在，甚至延续到 2000 年后。这种矛盾在佛道等宗教思想的调和下更加可控，推动实现了地域生活和谐。

第四章主要写及埭溪的历史人物。若要了解唐代及唐代之前的埭溪人物，主要依靠一些零星的文献。这是非常无奈的事情。但是披沙拣金，因一鳞爪而绘全图，难免会有失误或失实之处，只有尽力做到考察有据。对于茅维在埭溪的历史，笔者与赵红娟曾两次寻访洁溪别墅，并未完全确定其地点，值得持续探讨。

　　第五章写 20 世纪末以来埤溪镇的现代化治理过程，总结发展的经验。从轰轰烈烈地挖山开矿致富，追求工业化，到非常关注生态环境，掀起产业链的改革转型，提升城乡品质生活，建设美丽乡村，尤其是以人为本，绿色生活，推进共建共享的人居环境……政策制度和现实的基层治理结合，成就了崭新的埤溪。

　　第六章叙述美妆小镇的历史渊源与现实背景，以及美妆小镇的建设模式。其中重点关注公私合作模式、市场化运作，以及发展的理念。同时展望阳山时尚谷（以下简称时尚谷）的未来，畅想美妆小镇向时尚谷的蝶变。

第二章

上强风物：埭溪远古历史与文化考察

　　8世纪中叶，苏州、杭州之间交通便利。诗人白居易路经湖州埭溪，却因没有去上强山精舍寺游览而抱憾。因为精舍寺在佛教发达的六朝，以有"三绝"之物著称。自南朝晚期到唐中叶，又经历了200余年风风雨雨。这段风烟渺茫的历史记忆和文化古迹，让白居易发出"惟有上强精舍寺"的余响，回荡至今已有1000多年。

第一节　文化源远流长

天目山高耸入云，向东曲折逶迤，至莫干山始千回百折，渐次成为低矮丘陵、小山。东苕溪就从这里蜿蜒经过，自南向北流入太湖。根据考古资料，大约在 1.5 万年前，地球气候寒冷，海平面在今东海大陆架的 155 米以下。那时候太湖还是一块内陆平原。随后地球变暖，海平面不断上升，到距今约 9000—8000 年，海水侵入陆地。在莫干山以西，从杭州湾经今杭州、德清、吴兴有一条深谷，海水由此内灌进入太湖平原陆地，形成了类似今天渤海的海湾。但是这个海湾面积很小，远没有今天的太湖这样大。后来新海岸冲积成形，水道阻隔，太湖成为内陆湖，海水淡化并再度萎缩。在天目山余脉莫干山西侧一带，形成了湿地、湖泊和陆地相间的地形。季节性增加的雨水让这些湿地、湖泊的水流不断从高地向洼地流去，东苕溪雏形就此形成。

早在旧石器时代，苕溪尚未形成之前，莫干山东侧就有人类活动。2015 年 1 月，浙江省文物考古研究所在苕溪一带进行旧石器时代考古专题调查。莫干山西部低山区，山势较陡，河谷狭窄，第四纪时期的文化遗存不容易保存，出露的剖面大多为基岩或风化基岩，第四纪堆积很少见到。而在中部的丘陵地带，地势较缓，东苕溪支流的河谷较宽，常发育为山间盆地和平缓的低丘，出露的剖面除基岩或风化基岩，第四纪的网纹红土和下蜀土保留较多。在与埭溪镇紧紧毗邻的莫干山镇，从何村、劳岭、高峰等 3 个村境内，发现了 6 处旧石器时代遗物。加上乾元镇、武康镇等两处，这里共发现了 8 处旧石器时代点，采集到了 26 件旧石器时代石制品。这些石制品全部出自下蜀土或网纹红土，主要器型有石核、刮削器和砍砸器等 3 种。从石制品组合观察，这些旧石器的文化内涵与在浙江省其他地区发现的旧石器基本一致，年代距今有 12 万年，属于旧石器时代早期的最晚阶段。[①] 在与之紧邻的埭溪镇五石坞村，考古工作者也在网纹红土、下蜀土中采集到了旧石器时代的石制品。这些石制品表明，早在旧石器时代，东苕溪流域就是人类繁衍生息的区域，埭溪镇也在其中。

从钱塘江到太湖，东苕溪像一条分界线，把西部的山地、丘陵与东部的平原分隔开来。进入新石器时代之后，东苕溪流域人类活动范围扩大，聚居点更加密集。从大约 7000 年前开始，马家浜文化、崧泽文化、良渚文化绵延 3000 年而承续存在。从北端太湖数起，有马家浜文化特征的邱城遗址、以崧泽文化类型为主的毗山遗址、自成体系的钱山漾文化遗址、尚待揭开神秘面纱的下菰城遗址。沿着东苕溪两岸，有数百个新石器时代的遗址，其中在河流南端则有世界闻名的良渚古城遗址。

埭溪就在下菰城南侧，从邱城、下菰城到良渚之间。

邱城遗址是紧邻太湖的一处新石器时代文化遗迹。马家浜文化距今 7000—6000 年，最早就在湖州邱城发现。这里发现的上、中、下 3 个文化层，分别代表了马家浜文化时期、崧泽文化时期、良渚文化时期 3 个不同历史时期。20 世纪 50 年代，在太湖南岸的一个土丘上，发现了总面积约 3 万平方米的文化堆积层。其下层距今约 6000 年，有 265 平方米的硬土面建筑遗迹，硬土厚度达到了 10 ～ 18 厘米，用小碎石、螺蛳壳

---

① 郭海军、陈苏杭、周建忠等：《2015 年德清旧石器考古调查简报》，《东方博物》（2016.4），第 1—5 页。

和黏土混合筑成，其上再铺以泥沙，用火煅烧后而成。同时也有干栏建筑遗迹，柱洞行距 3.5 米，洞距 0.87 米，显示当时人们居住的房屋大小。在房屋的四周，密布了 9 条排水沟，而 9 条排水沟都通向更加宽阔的两条宽度达 1.5～2 米的大排水沟。邱城遗址第一次出土了马家浜文化典型器物——硬质红陶腰沿釜。红陶腰沿釜的肩部有一条纹饰，显示出当时人们的审美追求和意蕴。同时还出土了锋利的石器，以背面弧突的锛和斜背舌表刃的穿孔斧最具特征。而镞凿、磓、针等骨质工具，以及牛、鹿、猪、鱼类等动物遗骸的出土，展示了那时候人们的生活的细节。[①]

从 20 世纪 50 年代邱城遗址的发现开始，中国江南地区开启了考古学术的进步发展之路和探索发现古代先人生活奥秘之旅。20 世纪 70 年代考古学界命名马家浜文化之后（以湖州邱城、嘉兴马家浜遗址出土的典型器物为特征），又在 20 世纪 80 年代正式认定处于距今 6000—5800 年的崧泽文化（以黑陶和轮制技术为典型特征），加上 20 世纪 50 年代就已经认定的以玉器为主要特征的良渚文化，江南地区新石器时代的文化序列被清晰地标识出来。

进入 21 世纪以来，湖州地区的新石器文化考古取得了新的突破。首先是千金塔地考古，通过中央电视台进行了现场直播，轰动海内。千金塔地遗址面积超过 10 万平方米，以承续存在马家浜文化、崧泽文化、良渚文化以及马桥文化等 5000 年文明而著称。千金塔地就在距离埭溪不足 20 千米的东苕溪对岸。2014 年，国内考古学者齐聚湖州，正式命名了一种新型的考古学文化类型——钱山漾文化。考古学界认为，钱山漾文化

---

① 梅福根：《江苏吴兴邱城遗址发掘简介》，《考古》（1959.9），第 479 页。

距今 5100—4000 年，处于以玉器为特征的良渚文化与以青铜器为特征的马桥文化之间，以大鱼鳍形足鼎为典型器物，是太湖地区早期发展序列上一种主要继承土著传统并融合外来因素的新阶段考古学文化。

从钱山漾文化遗址沿东苕溪南行不足 10 千米，就进入了埭溪境内。而从石器时代到青铜时代的步伐，却轻盈地走过了上千年。[①]

在关于中国瓷器发源的考古学研究领域，江南地区获得了积极的信息：从东苕溪流域发掘的大量的原始瓷窑可以证实，这里是世界上最早的原始瓷产地。随着时间的推移，到距今 4000 年左右，良渚古城城市功能消失，在东苕溪侧则崛起了另一座城市——下菰城。而夏商时期——即距今 4000—3000 年，沿着东苕溪两岸，密布着大量的原始瓷窑址。睿智的学者敏锐地发现和揣测，下菰城应该就是这些生产原始瓷的核心城市和原始瓷生产的动力源头。[②]在原始瓷制作和源起的众多窑址中，就有埭溪。

从石器到青铜，是人类历史上一次重大的变革。而从良渚文化到青铜文化，就对应了这种显著的变化。以良渚古城和下菰城的物理距离为标志，这种器物使用的变化，经历了漫长的历史时间。埭溪与下菰城在地理上非常接近。对下菰城至今还没有进行较大规模的考古发掘，其谜底至今尚待揭开，而掩藏在万山丛中、东苕溪之侧的埭溪，同样掩映在神秘的面纱下面，人们不知道其远古历史的详细踪迹。

但是周边文化遗迹的映射，让这片山水风景更加神奇迷人。比如埭溪境内的营盘山遗址，也保存有大量的新石器时代的文化遗存，至今尚

---

① 郭梦雨：《试论钱山漾文化的内涵、分期与年代》，《考古》（2020.9），第 69—80 页。
② 浙江省文物考古研究所、湖州市博物馆、德清县博物馆：《东苕溪流域夏商时期原始瓷窑址》，第 1 页。

没有被发掘。其神秘的历史，尚待发现。

商周之际，江南地区生产力获得了极大的发展，已经普遍地建立起奴隶制国家。在《逸周书》中明确记录了四个来自中国东南地区的国家：姑妹、且瓯、共人、海阳。这四个国家参加了西周初年的重大历史事件——成周大会。其中且瓯这个国家，就在南太湖地区。《逸周书·王会篇》称："于越纳，姑妹珍，且瓯文蜃，共人玄贝，海阳大蟹。"[1]

姑妹、且瓯、共人、海阳是臣服于西周王室的于越地区小国，"于越"是西周初年中原地区对东南沿海的总称。对于"且瓯"以国家形态存在，清代以来学者文献考述甚详。《太平御览》引《周书》文献："成三时，具瓯献蜃。"可知其所叙与《逸周书》"且瓯文蜃"为同一事件。晚清朱右曾校改《逸周书》之"且瓯"为"具区"[2]，孙诒让附和之[3]。这便论证了上古文献"且瓯"后世传写作"具区"，专指太湖。由太湖形成史可知，太湖由春秋到唐宋，曾经有一个由小变大的过程。

由此推测，商周时期的且瓯国，就在太湖及其周边一带。

关于"且"字的解释，《说文解字》讲："荐也。从几，足有二横，一，其下地也。凡且之属皆从且。子余切。又千也切。""注：𥚕、且，古文。"

段玉裁注："且，古音俎，所以承借进物者，引申之，凡有借之词皆曰且。凡语助云且者，必其义有二：有借而加之也。"[4]

---

① 朱右曾：《逸周书集训校释》，第117页。
② 朱右曾：《逸周书集训校释》，第117页。
③ 朱右曾：《逸周书集训校释》，第117页。
④ 段玉裁：《说文解字注》，第716页上栏。

甲骨文"且"字即后世"祖"字，至金文旁边添设"示"，寓意祭祀。追溯文字起源，有男根崇拜之义。后来引申为对祖先的怀念。

《礼记·檀弓》引曾子之言，"且"指称男性生殖器。商人喜尚以"且"或"祖"为名称。商王多以"祖"为王公贵族名称，如祖乙、祖辛、祖丁、祖庚、祖甲等。

瓯，《说文解字》释义："小盆也。从瓦区声。"[1]字形源自"区"，象形烧制瓷器的窑址。这说明"瓯"有烧制瓦器瓷器含义。而在原且瓯国所在的东苕溪流域，今天发现了全世界最早的原始瓷生产场地，即所谓"瓷之源"。[2]

字在起源上跟社会生活密切相关。由于东苕溪流域的人善于烧造原始器皿，中原的贵族士大夫们才将这里的国家叫作"且瓯"。

东苕溪之水川流不息，浩浩汤汤，如同文明的种子四向传播，埭溪就在从良渚到下菰城的文明核心带上。早在新石器时代，这里人类文明聚落密集，属于良渚文化和钱山漾文化的核心区域。境内有大量的古窑址、聚落文化遗址等，如后洋畈和营盘山遗址，可以表明埭溪作为临水倚山的地区，是人类文明最早发达起来的地方。从6000年前的马家浜文化、5000年前的崧泽文化到4000年前的良渚文化，再到5100—4000年前的钱山漾文化，都在这里有遗存和发展。

进入青铜时代，遍布东苕溪两岸的原始瓷窑场，把文明之火烧得越来越旺。

---

[1] 段玉裁：《说文解字注》，第638页上栏。
[2] 浙江省文物考古研究所、湖州市博物馆、德清县博物馆：《东苕溪流域夏商时期原始瓷窑址》。

第二节　汉越流风所及

关于商周时期江南地区的文化形态，至今还有很多尚未揭开的秘密。青铜时代的中原，借助甲骨文、青铜铭文以及传世的文献，可以刻画出其基本的历史轮廓和王朝世系（夏商周断代工程尽管为海外学者所质疑，但是另外梳理一套翔实的史前史本身也非常困难）；而江南地区的历史细节，则既没有详尽的文献传世，后世及时的追忆也没有被传承下来。远隔千里之遥的中原大国按照自己的理解来记述，颇不了然（如《春秋左传》《战国策》《国语》等几部书），直到汉代才完整成书的《越绝书》《吴越春秋》又颇有几分夸张的味道，未为信史。因此，江南地区从石器时代到青铜时代——尤其是商周之际的历史尤其神秘。

但地下出土的器物，毫不掩饰地为我们揭示出早期埭溪的历史风貌和文明特征。

1969 年，埭溪出土一对春秋时期用青铜制作的鸠杖，高 18.7 厘米。鸠杖的杖首与杖镦都有中空部分，这些中空的地方，应该是竹木或其他材料所制的杖杆，分别套在杖身的上下两端。杖杆因为时间久远已经腐朽不知去向，但杖镦的华丽纹饰，一下就吸引了众人的眼光。这对鸠杖通体饰几何纹、蝉纹、卷云纹等纹饰。杖镦的底端为跪坐的一个人像，该人像头上蓄发至额前、耳部，脑后一椎髻，横穿一笄，双手扶膝，双目平视，腰间系带。[①]

这是已知最早的艺术化的埭溪人像！

----

① 王蕊：《吴越地区出土东周青铜器纹饰研究》，第 17—18 页。

从人像的装饰以及形象，可以推测春秋时期埭溪人的生存形态和生活方式。

春秋时期，江南土著居民以越人为多。越人临水生活，湿热的湖沼河网让他们必须适应恶劣的生活环境，因此他们剪短了额前及两鬓的头发，明显不同于中原人束发戴冠的习俗。他们穿着简易，因为天气炎热，皮肤不得不外露，同时又要抵挡蛇蝎蚊虫叮咬，便不得不涂泥，甚至浑身上下都绘满纹饰或干脆刺上花纹。有的学者指出，这样做也许是因为他们崇尚巫术，也许是出于对某种图腾的崇拜。事实上他们忘却了在水边生活的越人面临的蛇蝎蚊虫叮咬的烦恼。《汉书·地理志》就记载，越人近水而居，全身绘上龙蛇之形的图案，可以规避水中蛇虫之害。"文身断发"，正是他们生活在水边的日常装束形态。[1]

古越人裸露上半身，只用葛织成的布条裹住下身，一般不穿裤子。这种葛布叫"卉服"，这种穿法叫"短绻不绔"，方便游泳涉水。也有的上身只穿短幅遮挡胸部的服饰，两肘胳膊就露在外面，这叫"短袂攘卷"，是为了方便划船。

出于宗教信仰，越人会把门牙敲掉——这种风俗叫作"凿齿"。有人认为这是因为越人崇拜蛇或者某些没有牙齿的爬行类动物，认为没有门牙会让他们更加凶猛勇敢，甚至有某种审美心理暗示。

越人因近水而食物以水生为多。[2]越人有生食水生动物的习惯。部分极端的部族，甚至还会食人。大量的中原文献，并不会误记或产生错讹。

---

① 班固：《汉书》，第 1669 页。
② 王威：《江浙地区出土东周青铜鸠杖初探》，《文物鉴定与鉴赏》（2019.7），第 27—29 页。

在良渚文化时期结束之后，以及进入青铜时代之后，江南地区的文明渐次落后于中原文明。以夏商文明为特征的人本主义的体系化和社会组织、社会动员能力的强化，尤其是西周分封制实现了王朝领土和势力的扩张，从而进一步挤压了周边地区的崛起。但是这并不是说江南地域文化一蹶不振，相反，在青铜文明传播渐染江南之后，随着技术的革新，土著越人从部落阶段也渐次进入生活方式上的城邦时代和组织形式上的早期国家形态。

仅以湖州地区而论，从近年来的考古报告和历代传世文献记载来看，大约在商周到秦统一前夕，境内有密集的城堡存在。无论是实地考察还是检阅传世文献，我们都可以从中找到这些城邦的蛛丝马迹。进入汉代后又因为中原大族的迁入，以及他们保护自身生命财产安全的需要，这些城邦遗存的城堡又得到加强和修缮，类似于北方的"坞壁"。具体可参见表1。

表1　嘉泰《吴兴志》所载汉代乌程县的部分城堡及聚落 ①

名称	始建时间	所在地点	备注
下菰城	战国后期	县南 25 里	卷 18 第 19 页 a
邱城	春秋	县北 18 里	卷 18 第 19 页 b
鸠兹城	春秋	不详	卷 18 第 19 页 b
避蛇城	夏	杼山	卷 18 第 19 页 b
晏子城	春秋	长兴西南 120 里	卷 18 第 23 页 a
夫概城	春秋	长兴县郭	卷 18 第 23 页 b

---

① 谈钥：《吴兴志》。

续表

名称	始建时间	所在地点	备注
故鄣城	秦	长兴县西南 120 里	卷 18 第 23 页 b
后府城	汉末	长兴县西南 190 里	卷 18 第 24 页 a
九里城	不详	长兴县西南 90 里	卷 18 第 24 页 a
东林城	不详	长兴县西南 48 里	卷 18 第 24 页 a
西林城	不详	长兴县西南 48 里	卷 18 第 24 页 a
城山城	汉末	长兴县南 50 里	卷 18 第 24 页 b
大骑城、小骑城	西汉	长兴县西 120 里	卷 18 第 24 页 b
朱城	汉末	长兴县东南 25 里	卷 18 第 24 页 b
赤眉城	西汉末年	武康县西南 3 里	卷 18 第 27 页 b
欧阳亭	汉	乌程县东 18 里	卷 18 第 19 页 b
千金墟	汉	归安县	卷 18 第 22 页 a
上概村	汉	长兴县吴山东南	卷 18 第 23 页 b
上箬里、下箬里①	汉	长兴县	卷 18 第 10 页 a
废亭	不详	长兴县西北悬脚岭下	卷 18 第 24 页 b

虽然文献中描述了这些城堡的始建时间，但实际上这种记录往往根据不足，或者所记录的时间比真正的建筑时间要晚得多。如下菰城，目前考古学界已经确认其内城始建时间不晚于商代，而文献却记载是战国时的春申君所建，起码推迟了 800 年。

埭溪境内，也有这样的古城堡。如宋嘉泰《吴兴志》载：

---

① 《吴兴记》作"上箬村、下箬村"。山谦之，缪荃孙：《吴兴记》，第 5 页 b。

古卜城。《统记》云："在乌程县西南六十里。"《宋略》云："龙骧将军益州刺史卜天与所筑，因名古卜城。"[1]

这段记述未必真实。事实上，江南地区的这些城堡，大多在商周甚至更早的时期就已经存在。还有很多并未被文献记录的城堡，曾经建在商周时期非常繁华的城市。如近年来不断被考古发掘且有很多新发现的毗山遗址。

江南地区至迟从马桥文化开始，到春秋早期吴、越两国兴起，在1000余年时间里，曾经经历过一个"城邦时代"。[2]所谓中国南方的"城邦"，并不像古希腊的"城邦"那样具备以自由民、民主政治生活为标志的特征，而更多的是作为建筑城堡以维护其经济活动、军事武装和宗教信仰相对独立的一个个体化的部落存在。综合考察商周前后江南地区越人的生活形态，我们可以得知，在10～50平方千米的范围内，已经足够聚族而居的部落获取生活需要的食物，这个有限空间满足了他们各种生存、生活的需要。因此，他们很少主动迁徙——这不同于北方部族尤其在殷商早期不断迁徙的状态——这些南方部族会建构较为坚固的城堡和宗教祭祀设施，用以保卫自己的生存空间、安慰自己的灵魂。中国江南地区在很长时间里，没有出现过成熟的政治形态和吞并战争，直到公元前7—公元前6世纪吴国、越国出现。

在太湖南岸今湖州地区，除了传世文献记载的20余个城堡，还有很

---

① 谈钥：《吴兴志》卷18，第19页b。
② 王敦书：《略论古代世界的早期国家形态：中国古史学界关于古代城邦问题的研究与讨论》，《世界历史》（2010.5），第116—125页。傅道彬：《春秋：城邦社会与城邦气象》，《北方论丛》（2010.3），第4—17页。

多未曾进入文献记载的城堡。这些城堡是城邦存在的基础，同时也是城邦存在的标志。也许正是因为顽固的信仰差异和基础的日常生活生存条件较易获得，江南地区城邦国家长时间处在停滞状态，难以发展。这也是为什么在良渚文化时期取得极为辉煌的物质文明之后，伴随青铜文明的出现，江南地区的物质文化系统和精神文化系统——尤其是国家政权的建构和信仰的衍生开始远远落后于中原。

但是这并不意味着商周至春秋时期江南地区和中原地区没有交流。恰恰相反，中原文化极为敏锐地大量吸收良渚文化及其后的江南的文明成果。

比如鸠杖。鸠鸟是一种喜食浆果、不擅于筑巢的常见鸟类，其鸟巢建构也很简易，但是它们对于照顾子女却非常尽心尽力，雌雄鸠鸟一旦婚配，则终生不离不弃，共同养育子女。中国古人观察到了这些鸠鸟的习性，所以很早就以鸠鸟比喻人世的感情生活，如：

> 关关雎鸠，在河之洲。[1]
>
> 维鹊有巢，维鸠居之。[2]
>
> 于嗟鸠兮，无食桑葚。[3]

先秦时期鸠鸟的形象作为正面素材，被人类设计和制作在手杖顶端，寓意颇深。南方地区山路崎岖，即便青壮年出行也多用手杖，故而鸠杖被用于显示权力、权威和地位。[4]而北方则很早就把鸠杖与敬老联系

---

[1] 郝敬：《毛诗原解》，第 35 页。

[2] 郝敬：《毛诗原解》，第 60 页。

[3] 郝敬：《毛诗原解》，第 140 页。

[4] 周建忠：《德清出土春秋青铜权杖考识》，《东方博物》（2004.4），第 50—60 页。

起来。如 20 世纪 70 年代鲁国故城出土的一根鸠杖，由大小三只鸠鸟组成，大鸠鸟背上背着一只小鸠鸟，而嘴里还衔着一只小鸠鸟。寓意非常清晰：至迟在春秋，孔孟故地就有把鸠杖与尊老敬老联系起来的文化传统。这种南北差异，随着大一统王朝的建立，在西汉时期逐步得到制度化的统一。鸠杖成为朝廷赐给老年人并使老年人享受相应待遇的象征物。如《周礼·夏官·罗氏》载：

中春罗春鸟，献鸠以养国老。[1]

《后汉书·礼仪志》载："仲秋之月，县道皆案户比民。年始七十者，授之以玉杖，餔之糜粥。八十九十，礼有加赐。玉杖长尺，端以鸠鸟为饰。鸠者，不噎之鸟也。欲老人不噎。是月也，祀老人星于国都南郊老人庙。"[2]

1981 年甘肃武威征集到流落民间的 26 枚汉简，其中明确提到：

制诏御史：年七十以上，人所尊敬也，非首杀伤人，毋告劾也，它毋所坐……高皇帝以来至本始二年，朕甚哀怜耆老。高年赐王杖，上有鸠，使百姓望见之，比于节。吏民有敢詈殴辱者，逆不道。[3]

鸠杖从象征权力的信物，到寓意尊老敬老、移风易俗的象征物，大一统的王朝政治实现了版图上的四海一统和精神文化上的渐趋相近。

埭溪出土的这件鸠杖和它背后隐藏的历史文化意义非凡。

---

[1] 孙诒让：《周礼正义》，第 2950 页。
[2] 范晔：《后汉书》，第 3124 页。
[3] 武威县博物馆：《汉简研究文集》，第 35—36 页。

第三节　晋楚余韵流响

伴随农业的发达以及进入青铜时代，江南地区越来越频繁地习染中原文化。在吴、越两国崛起之后，原先相对封闭、自我成长的很多小城堡被吞灭，在吴、越两国的号召下，江南地区第一次出现了较大规模的战争。

发生在公元前6世纪的江南兼并战争，其源头实质上也在中原。《左传·成公七年》载，楚国的崛起，严重地挑战了中原大国晋国的权威，经过多次交战之后，晋国感到无力直接歼灭向北拓展的楚国势力。恰在此时，楚国大臣申公巫臣叛逃到了晋国，为晋国的发展壮大出谋划策。申公巫臣看到了楚国的弱点，就是不能够多线作战，因此为晋国制定了武装援助吴国、让强大起来的吴国掣肘楚国的策略。这个办法得到了晋国国君的支持，申公巫臣带领30辆兵车、2000余名士兵，自晋国出发，赶赴吴国援助。申公巫臣到吴国后，带来了最先进的攻伐战术和军事组织、训练、操演、实战的经验，极大地提高了吴国的国家军事实力，同时在文化礼仪制度、国家组织动员能力、农业生产技术革新等许多方面，为东南地区带来了新的气象。

吴国在得到晋国支持之后不久，就对楚国发动了持续不断的战争，楚国为之侵扰，其北上中原、与晋国争霸的战略被牵制，楚国疲于奔命，狼狈不堪。楚吴迭次交战的背景，是中原大国纵横捭阖，斗智斗勇。

《左传·襄公三年》载，公元前570年，楚国终于忍受不了吴国袭扰，专门演练了一支精锐部队，突然出兵，攻伐吴国。战事一开始，吴国丢失了边境防线上的几座城池，随后大邑鸠兹城也被袭破。统帅、楚国贵族子重派出亲信将领邓廖统领重甲 300 人、步兵 3000 人，作为前锋攻击前进，楚军一路势如破竹，一直打到今湖州城南衡山一带。[①]吴国军队在晋人指导下，处处设伏，要而击之，将士同心协力，终于在衡山一带一举击溃楚军，并歼灭溃散之敌大部，俘获邓廖。随后吴国实施绝地反击，子重率所部慌乱逃回楚国。

这是吴国登上春秋历史舞台的首秀，也是今湖州地区第一次被正史所关注。楚国至此对吴作战屡屡失败。申公巫臣在离开吴国的时候，留下了 15 辆兵车、近 1000 名士兵给吴国。此后吴国军队在伍子胥统率下，直捣楚国郢都（今湖北荆州），极大地削弱了楚国的国力。

吴国开始从晋楚之争当中的"附属国"转变为联合江北淮南多国的"主导国"。吴国是晋楚斗争中最大的受益者，不仅学习到先进的战车军事技术和教育理念，还成为一个地区性的大国，领导江北淮南诸侯。但是由于吴国四处攻伐，数次与越国交战，吴越关系迅速恶化。越国常常乘虚而入进攻吴国，特别是后期越国与楚国开始合作后，吴国陷入被夹击的处境。越国的不断崛起也埋下了吴国衰亡的伏笔。

自晋国派遣申公巫臣南下援助吴国，并留下一半的人马归于吴国成为吴国的一员开始，吴国与中原文化的有文献记录的密切交往历史就开启了。这些当年从今山西南下至江苏、浙江一带的士兵，与江南吴地土

---

① 吕本中：《春秋集解》，第 535 页。《左氏春秋》载：楚军"克鸠兹，至于衡山"。后汉杜预作注，明确说鸠兹在芜湖，衡山在"乌程县南"。清初学者顾炎武对此提出疑问，认为既然"鸠兹"在芜湖，那么衡山应该没有那么遥远，不至于在乌程，但是也没有任何确凿的依据。由于顾炎武这样的疑惑，清初以后学者鲜有人再说衡山在"乌程县南"。

著居民融合，出现了相互共生、休戚与共的和谐发展局面。

越王勾践"十年生聚"发动灭吴之战后，江南地区第一次建立起包含钱塘江流域、太湖流域、淮河流域，涉及今福建及安徽、江西、山东一带的庞大王国。显赫一时的越王勾践去世后，传位给子王鼫与；王鼫与卒，二传给王不寿；王不寿卒，三传给王翁；王翁卒，四传给王翳；王翳卒，五传给王之侯；王之侯卒，六传给王无疆。[①]

在勾践死后的百余年间，其子孙曾经多次北上与齐国争霸，西向与楚国争战，试图进一步扩大领土范围和影响力。然而越人文化相对落后，以巫神和土著为基础建立起来的奴隶制王国，远离中原文化核心区且疏失于列国外交和纵横捭阖，并没有积极地建构起忠诚王室和世子世袭的精神价值体系，一味崇拜暴力，后来在"上兵伐谋，其次伐交"中败下阵来。勾践子孙大统承续，三度发生弑君悲剧，充满血腥屠杀的代际交替，为越国的发展涂抹上了非常悲情的色彩。

公元前325年，秦、韩、魏、齐、楚五国争相称王。这对年纪轻轻的末代越王无疆产生了极大的触动：此时发动北伐五国的对外战争，可以显示自身实力，炫耀武功，称王称霸。中原诸国实则根本就歧视越国（越王的名字都是中原诸国以越语谐音记录的名称，所谓勾践、鼫与、不寿、无疆，都充满着诙谐的调侃和不屑），无疆却天真地希望联楚伐齐，实现壮志。

楚怀王表面答应出兵，实际其军队都在秦、韩、魏边境抵御入侵，哪里有兵力可以援越伐齐。到越王无疆调兵遣将与齐开战了，楚国却按

---

① 司马迁：《史记》卷41，第1747页。

兵不动。无疆内心十分愤怒。此时齐国使者来访，游说他："越不伐楚，大不王，小不伯。"又称："此二五不知有十。"[①] 一番口舌之功，让无疆利令智昏，丧失了判断力，转而率军攻楚。此时楚怀王早有灭越之心，已经派大臣昭滑卧底越国五年，摸清了其国力底细。

恰在此时，秦武王举鼎而死，秦国顾不及伐楚。楚国军队迅速集结，完成了气势恢宏的灭越战争。无疆战死亡国，余部四散南退至钱塘江以南，继续称王者甚多，却再也没有成就统一大业者。自此，楚国势力已经深入钱塘江边。大约在公元前248年后不久，楚国公子春申君在其封地设菰城县，其城址就在今湖州市南下菰城，浩荡的楚文化席卷了江南地区。[②]

菰城县城南侧，距离埭溪仅有十余千米。

---

① 司马迁：《史记》卷41，第1749页。
② 谈钥：《吴兴志》卷1，第6页a。

第三章

施渚由来：始于汉晋的文化融合与形塑

公元前 2 世纪前后，太湖南岸从菰城县的建立，到秦汉魏晋地方社会的形成，中间经历了非常复杂的社会演化过程。吴越故地在两汉时处在汉越杂居状态。从西汉末年开始，南下避乱的中原大族逐渐占据了地方政治、经济、文化等优势资源。埭溪镇则有施氏家族大约在汉末迁徙至乌程县，加快了地方汉越文化融合的进程。到了三国时期，由于孙吴政权实施对山越的征伐和民屯政策，最终实现了汉越文化融合的完成。在儒家经学与佛道宗教等社会主流思想的传播影响下，吴越故地土著文化逐渐式微消弭，汉越文化融合裂变产生的新江南文化渐次衍生并成形。

今埭溪镇在战国末年开始纳入菰城县管辖，自汉代开始则归乌程县管辖。

第一节　汉越杂居与施氏南迁

春秋时期，太湖流域兴起吴、越两国。越灭吴之后，越国成为东南地区最发达强盛的国家。越人的文化习俗和语言文字独特，不同于中原文化，也相对落后于晋齐秦楚等大国。公元前4世纪到公元前3世纪，楚国趁乱伐越，发动灭越战争，自此太湖流域地区也并入楚国版图。

大约在公元前248年后不久，楚国公子春申君封地转至故吴地[①]，以吴墟（今江苏苏州一带）为都邑，在今湖州市城南12.5千米处今下菰城遗址置县，即菰城县。

越国虽亡，但越人甚众。越贵族或南迁，退至钱塘江以南；或退出都邑，成为楚人降民。

文献载：

楚灭越，封越王无疆之子蹄于乌程欧余山之阳，为欧阳亭侯。子孙因以为氏。[②]

《后汉书·郡国志·吴郡》注引《越绝书》称：

有西岑冢，越王孙开所立，以备春申君，使其子守之，子死遂葬城中。[③]

可见越人的后裔在越国故地依旧势力强盛。

直到公元前222年，秦军灭楚后南下，划西苕溪上游与今宣城一带

---

① 司马迁：《史记》，第750页。
② 董斯张：《吴兴备志》卷1，第14页b。
③ 范晔：《后汉书》，第3490页。

为鄣郡。后又改菰城县为乌程县。公元前 210 年秦始皇巡狩东南，《史记·始皇本纪》载：

上会稽，祭大禹，望于南海，而立石颂秦德。[1]

秦始皇为了强化对故楚地的统治，实施移民政策。《越绝书》称：

乌程、余杭、黝、歙、无湖、石城县以南，皆故大越徙民也。秦始皇刻石徙之。[2]

显然今湖州地区还是有很多越人。《汉书·地理志》载：

乌程，有欧阳亭。[3]

颜师古释为："欧，音乌侯反。"[4]这个地名有明显的越地文化风格。

无疆是越国强盛时期最后一位君主，雄才大略，胆识过人。他曾经伐齐攻楚，威震四方，后不幸死于战事，后世对他颇多怀念。在汉统一之后，越人王室归附者又被分封于欧余山之南的一支部族，袭封爵位为"欧阳亭侯"。当时湖州城东所聚居者以越人为主。汉王朝统治者以越王无疆后裔为其首领，无疆后裔显然继续着对越人聚居区的管理。

关于湖州城东升山的别名很多。如《太平寰宇记》卷 94 载："升山在县东二十里，一名乌山，一名欧余山，一名欧亭山。"[5]又："乌亭在升山上，王羲之所造，以乌巾氏所居也，今废。"[6]

---

[1] 司马迁：《史记》，第 260 页。
[2] 袁康：《越绝书》，第 11 页。
[3] 班固：《汉书》，第 1591 页。
[4] 班固：《汉书》，第 1591 页。
[5] 乐史等：《太平寰宇记》，第 47 页上栏。
[6] 乐史等：《太平寰宇记》，第 49 页上栏。

显然后世把建筑的"亭"跟作为两汉基层组织的"亭"混为一谈了。出土的《乌程汉简》明确说：

乌程以亭行。[1]

其含义表明，汉代的乌程县是以"亭"作为地方机构来实施文件传输的。

晋张元之《吴兴山墟名》载：

乌巾山，昔有乌巾者，其家善酿美酒，居此山。[2]

针对"乌巾"的名称由来，笔者著作《湖州批判》中论证，"乌巾"是汉代对居住在南太湖升山一带越人后裔的称呼。"乌巾""无疆"音近，"乌巾"一称当为"无疆"发音之转写。战国后期越国国王无疆遇难，越遭灭国。

《太平寰宇记》卷94载：

西余山，在乌程县东一十八里。《舆地志》"汉文帝封东海王摇之子期视为顾余侯，至县，坐酎金失国"，即此地也。[3]

越王室后裔摇因为帮助汉高祖刘邦平定天下，所以被封为东海王。而摇的后代期视又被汉文帝封为顾余侯。顾余侯的封地，就在今湖州城东。

20世纪以来的考古发现，也对秦汉时期太湖南岸的汉越杂居形态有

---

① 曹锦炎等：《乌程汉简》，第11页简084。
② 张元之：《吴兴山墟名》，第4页b。
③ 乐史等：《太平寰宇记》，第47页上栏。

所证实。如胡继根、李晖达等经过对太湖以南、钱塘江以北，主要集中在湖州的土墩汉墓进行考古研究，提出了"汉代土墩墓"[①]和"古会稽郡文化圈"[②]的概念。认为集中在太湖南岸的汉代土墩墓，有鲜明的时代特征和地域特征。即西汉墓葬的形制风格几乎相同或类似于战国晚期，这表示太湖南岸地域人群在文化上的延续性。这可以证明，晚至西汉后期，在太湖南岸生活的古越遗民的生活习俗以及文化气象，基本没有太大的变化。但是地方统治者显然已经换了汉族官吏。因此汉越杂居状态是明显的。

秦汉时期，湖州地区接受中原文化熏陶，大量的中原大族迁徙定居于太湖流域。文献记录最早的是费氏。《汉故梁相费府君碑》记载了有关信息，称费泛为"此邦之人也。其先季文为鲁大夫，有功封费，因氏为姓。秦项兵起，避地于此，遂留家焉"[③]。明确记录了详细的费氏的族源发达地、原来的封地、姓氏起源等。

晚清陆心源的《千甓亭古砖图释》根据汉代古砖上的铭文，推测出汉代湖州就有的一些大族，如，一块汉元平年间（公元前74—公元前73年）砖上有"连造"字样，是"造砖人名"。[④]又如，对汉甘露年间（公元前53—公元前50年）砖上有"潘氏"二字，陆心源论断说："潘氏砖出土于乌程者颇多，乃潘崇之后。"[⑤]具体参照表2。

---

① 程亦胜：《浙江安吉县上马山西汉墓的发掘》，《考古》（1996.7），第46—59页。胡继根：《浙江省湖州市杨家埠古墓发掘报告》，《浙江省文物考古研究所学刊》（第7辑），第197—237页。
② 李晖达：《试论浙江汉代土墩遗存》，《东南文化》（2011.3），第112—117页。
③ 赵明诚：《金石录》，第273页上栏—第274页上栏。
④ 陆心源：《千甓亭古砖图释》卷1，第2页b。
⑤ 陆心源：《千甓亭古砖图释》卷1，第4页b。

表2　陆心源辑《千甓亭古砖图释》载录出土于乌程县的两汉古砖上的姓氏

朝代	年号	姓氏	始源地	西汉前聚居地	卷数页码[2]
西汉	元平	连	官名，楚国	楚国	卷1第2页b
西汉	甘露	潘	古国，在今陕西	楚国	卷1第4页b
西汉	建昭	沈	古国，在今河南	楚国	卷1第6页a
西汉	元寿	邢	古国，在今河北	不详	卷1第7页a
东汉	建武	管	古国，在今河南	齐国	卷1第7页b
东汉	永平	夏	古国，在今河南	谯郡（今亳州）	卷1第8页a
东汉	永平	燕	古国，在今河北	齐国	卷1第8页b
东汉	元和	莫	官职，楚国	楚国	卷1第9页a
东汉	元光	既	吴王夫概之后	吴国	卷1第13页a
东汉	永和	宣	帝王谥号，今陕西	不详	卷1第14页a
东汉	永康	王	封号，今山西	不详	卷1第17页a
东汉	永康	吴	古国，吴国	吴越故地	卷1第17页b

宋代嘉泰《吴兴志》记载，汉代湖州地区至少已经有钱、吴、姚、丘、沈等大家族迁徙定居。[2]而根据出土的汉代古砖铭文，大家族南迁定居湖州地区的数量更多。

除了前述几个大姓，实际上两汉之际迁徙乌程县的中原族群还有很多。比如埭溪的施氏大族。后世在埭溪镇范围内出土过不同年号的施氏墓砖，年号分别有：三国吴凤皇（272—274年），晋太康二年（281年）、元康三年（293年）、元康六年（296年）、元康七年（297年）、元康九

---

① 陆心源：《千甓亭古砖图释》。

② 谈钥纂：《吴兴志》卷16，第1页a—第6页b。

年（299年）、永宁二年（302年）、太安二年（303年）、永昌元年（322年）、宁康元年（373年）。文献载，汉太尉施延、吴当阳侯施绩墓在境内。施氏在汉代迁徙至乌程县，大概是可信的。施渚——这个地名至少在唐代就已经开始出现，其起源或可追溯到汉代施氏迁居的早期定居点。到了汉末三国时期，施但还发动了起义，参与孙吴子弟帝位争夺战争，只是惜败于西陵之战，从此施氏消沉了近300年。尽管如此，施氏仍是埭溪第一个崛起的文化家族。

第二节　儒学播迁及民族融合

秦汉大一统后，地方逐步开始接受和传播儒家经典。

宋代政和年间（1111—1118年），下邳县（今江苏睢宁北）出土了汉代的一块古碑，碑文名为《祝长严欣碑》。这是一块记录汉代曾经担任过乌程县地方长官严欣的事迹的碑。碑文中记录说：严欣字少通，曾经担任"乌程长"。在担任乌程县地方长官时：

> 兆自楚庄，祖考相承招命道术，治严氏《春秋》、冯君章句。[1]

这是湖州地方最早的接受儒学文化传播和教育的记载。严欣的学术背景显然受到出身家族和地域的限制。严氏出于楚庄王一脉，家族文化自古承续"招命道术"。

"招命道术"可以追溯至黄帝时期设立的"祝由官"制度，其职能包

---

[1]　赵明诚：《金石录》，第255页下栏。

含以符咒、仪式治疗疾病。这是招命道术的早期雏形。西周时期《周礼》记载的"招魂"仪式，为此类术法的文献源头。原始宗教以及在越文化、楚文化中可能都曾经有过此类巫祝信仰和崇拜。东汉时期则形成了一些符咒法术体系，奠定了招魂类术法的操作范式。宋明时期则将内丹修炼与符咒结合，也吸收了民间招魂续命实践，派生出驱邪招福等具体应用，成为中国道教信仰的重要内容。

有意思的是，严欣除了传承家族文化"招命道术"，还"治严氏《春秋》、冯君章句"。

严氏《春秋》，是指东汉初东海下邳人严彭祖传承的春秋学。严氏春秋学的传承脉络为：西汉董仲舒传东平嬴公，东平嬴公传鲁眭孟，东汉严彭祖学于鲁眭孟。[①]

西汉重师传，东汉重家法。东汉时期严氏家族重视春秋学的家法传承，因此严氏家法得到弘扬。而兼学家传"招命道术"，则表明早期南方的儒学传播的芜杂和学术本身的原始实践性。

由于地方官的流动性和样板作用，这种学术不断被官员带到了自己行政的地方，体现出国家倡导的学术的流通和传播。但是这并不能妨碍原始宗教的一些法术继续发挥作用。比如东汉时期谢夷吾针对乌程另一位县长的贪污行为，在自己受命去捉拿对方归案的时候，以"占候"的视角，发现对方即将亡命，不必收监，以此复命。[②]

"占候"即"占角风候"。"风候"是指分时令以察天象，即通过划

---

① 唐晏：《两汉三国学案》，第 422 页，第 424—425 页。
② 班固：《后汉书》，第 2713 页。

分节气、物候观测自然变化，推测人事吉凶。这种观念起源非常早，展示了上古农业社会对天时的依赖。如《淮南子·天文训》载："八风"对应 45 日周期，将一年分为 8 个时段以指导农政，其内核是将天文规律与政治、民生结合，形成"观象授时"的实践体系。"占角"是指观测星宿或方位之"角"以占卜吉凶。狭义内涵是指通过东方青龙七宿中的"角宿"位置判断吉凶，广义涵盖四象方位（东、南、西、北四隅）的风角占测。① 如《后汉书》记载的"风角"术，即通过辨别风向与强度预测灾祥。这种观念依托的是"天人感应"思想，认为星象与方位异动是人间祸福的预兆。

据传后来迁徙到湖州埭溪的施延，也懂得"占角风候"之术。

施延生活在东汉后期，字君子，祖籍沛国蕲县（今安徽宿州）人。他"少明五经"，"旁通星官风角"。② 因为家贫，曾经在海盐被雇作亭长以养其母。大概因为多才且智识，吴郡（今江苏苏州）督邮冯敷路过海盐，远远看到施延，就觉得他气度不凡，是一位贤者，于是下车与之交流，"推食解衣，与之钱"，施延俱不受。

随后不久施延迁徙定居乌程县。汉顺帝初年开始做官，曾经为大鸿胪。阳嘉二年（133 年）八月己巳，拜为太尉。③ 阳嘉四年（135 年）四月甲子，因为选举试策被罢官。三国魏黄初年间（220—226 年），魏文帝曹丕下诏表彰汉代二十四先贤，其中就有施延。其表彰文字说：

① 刘安：《淮南鸿烈集解》，第 92 页。
② 董斯张：《吴兴备志》卷 13，第 3 页 a—第 3 页 b。
③ 范晔：《后汉书》，第 263 页。

故汉先贤太尉延等，并立忠贞之节，修清白之行，而为谗邪所构，祸及其身，若有遗嗣，宜显举之。[①]

说明他是被冤屈罢官。施延有三子：分别是施崇，官至清河太守；施咸，官至魏郡太守；施宪，官至东莱（今山东烟台、威海一带）太守。

文献记载其三子都非常有才华。董卓曾经闻其名，希望收为心腹，但是三人都对董卓颇有看法，因此逃匿不出。大概至三国时期，施氏家族子弟、施先之子施良出仕，官至尚书。[②]

关于施姓的源起，文献记载很芜杂。其中流传最广泛的说法是，施氏源自姬姓，周初周武王之弟周公旦封于鲁，其子伯禽赴鲁执政，为鲁惠公。鲁惠公之子公子尾，字施父。施父之子受封施伯，地在吴兴，从此以爵为姓，遂姓施。这是家谱当中的记述，但是有颇多牵强之处。且不说西周时期尚没有"吴兴"地名，即便施伯受封，后世所谓吴兴地域还在莽荒之中，吴越尚未兴起，哪里来的受封于吴兴？

可见族谱家谱一类，不过姑妄言之。只是至迟到汉末三国时期，在乌程施氏已然崛起为地方豪强，是确凿的。由此推测，施氏于东汉时期南迁而至乌程，加之汉代古墓砖石铭文的佐证，或者可以相信。

从春秋早期开始，江南地区汉越杂居的局面已然形成。到了汉末尤其是三国时期，汉越文化融合愈益迫切。三国时期孙吴政权迫切需要安定境内社会秩序和发展军事实力、扩展兵源，不断发动对山越的战争。

山越的形成很复杂。山越是中国南方越人后裔，他们与汉族人杂居

---

① 董斯张：《吴兴备志》卷13，第3页a—第3页b。
② 董斯张：《吴兴备志》卷13，第3页a—第3页b。

数百年后普遍接受汉文化，但是为躲避东汉黄巾起义后的战乱，避处深山，少与外界接触，并且对抗官府，《三国志》卷64载：

> 未尝入城邑，对长吏，皆仗兵野逸，白首于林莽。逋亡宿恶，咸共逃窜。山出铜铁，自铸甲兵。俗好武习战，高尚气力……①

施但起义凭依的据说也有山越势力。汉越杂居数百年后的越人后裔，因为有自身的文化和族群，因此面对战乱，一面退避山林，一面集聚形成武装进行抵抗。当然山越武装无法对抗孙吴政权碾压式军事力量的围剿。孙吴的军队对于大规模俘获的山越族群，实施"强者为兵，羸者补户"②的政策，即把信奉越文化的青壮男子编户齐民，纳入征兵范畴。在军营之中，越人与汉族士卒密切地生活在一起，语言、观念、习俗逐步融合趋同，数代之后，逐步形成汉越文化的融合。

孙吴政权经历施但起义的打击，为镇抚地方势力，决策在以乌程县为中心的太湖南岸地区设立吴兴郡。设吴兴郡的诏书说：

> 今吴郡阳羡、永安、余杭、临水，及丹杨故鄣、安吉、原乡、於潜诸县，地势水流之便，悉注乌程。既宜立郡，以镇山越，且以藩卫明陵。奉承大祭，不亦可乎？其亟分此九县为，吴兴郡，治乌程。③

因为孙权之子孙和葬于乌程，所以称设吴兴郡以"藩卫明陵"。但更重要的原因实则是"以镇山越"。这样，在以乌程为中心的九县的基础上，吴兴郡得以建立。

---

① 陈寿：《三国志》，第1431页。
② 陈寿：《三国志》，第1343页。
③ 陈寿：《三国志》，第1166页。

在征伐越人的斗争中，孙吴政权非常重视人口的争夺，扩充编户齐民，壮大军队兵源。

从埭溪镇及其周边地区考古发掘的遗址考察成果可以发现，经历了汉越文化的融合和互相渗透、浸润，区域文化从吴越型逐步转型为江南型。从吴越文化到江南文化的转型，是中国东南地区经历从上古、商周到汉唐、宋明的漫长的历史过程，文化特质非常鲜明。

第三节　宗源翰的社会治理之道

事物的发展是波浪式前进和螺旋式上升的。

在江南的热土上，人口流动始终不绝，客民与土著之间在时空上有先后和交集。埭溪历史上的土著与客民之间的激烈冲突时有发生，主要是在太平天国运动之后。

纵观江南历史，每有改朝换代，或者较大的战乱与自然灾害，必然引起人口流动。在历史叙事中，我们常常看到数以万计百姓流徙四方的文献记录。东苕溪之畔的埭溪，自秦汉以来便是移民迁徙的重要驿站。南北朝战乱时期，中原士族为避祸南迁，携农耕技术与宗族制度在此扎根，奠定了江南农业社会基础。相对北方的战乱厮杀不断，江南湖州地区相对稳定的政治环境、发达的经济以及良好的自然条件，成为吸引北方移民的重要因素。

唐宋时期，随着江南经济的崛起，埭溪凭借水运优势吸引了各地商贾与手工业者聚集，丝绸、茶业贸易兴盛，南宋"南渡移民"更带来了汴京文化基因，催生了"商农并重"的社会结构。明清之际，徽商沿新安江——苕溪商路深入埭溪，投资蚕桑业与金融业，留下徽派建筑群与徽帮商业网络。

从"永嘉南渡"到"安史之乱"，再到"靖康南渡"，客民群体涵盖了社会各个阶层，从贵族士人到普通百姓均有涉及。客民不仅为湖州埭溪带来了先进的生产技术、文化理念，还促进了农业、手工业和商业的繁荣。明清时期，随着商品经济的进一步发展，埭溪内部的人口流动也日益频繁。一方面，农业生产的商品化程度提高，农村剩余劳动力增多；另一方面，手工业、商业迅速崛起，吸引了大量农村人口向中心集镇聚集。

从明代中期开始，福建、浙江（部分）、江西、安徽山区的移民已经流入，在山地、丘陵开垦谋生。清代中后期，这种情况越来越普遍。"起于江西、浙江、福建三省。各山县内，向有民人搭棚居住，艺麻种箐、开炉煽铁、造纸制菇为业。"[1]这是文献对他们谋生手段的记录。到了清雍正年间，清廷中枢官员上疏，如此陈述客民：

> 浙江衢州，江西广信、赣州，毗连闽、粤，无籍之徒流徙失业，入山种麻，结棚以居，号曰"棚民"。岁月既久，生息日繁。其强悍者，辄出剽掠。[2]

这些客民已经被认为是有害于地方社会稳定的因素。为了管理好这些客民，当时的地方政府制定了多种约束客民的政策，如编造保甲清

---

① 赵尔巽等：《清史稿》，第 3483 页。
② 赵尔巽等：《清史稿》，第 10237 页。

册，登记清点客民人数、姓氏、户口，规定本地居民不得租赁山地给客民，之前租出的到期不再续租，客民和本地居民一律不许在山区栽种苞谷（玉米），以防水土流失等。[①]

土客矛盾虽然多，但是客民毕竟较少，矛盾并非尖锐突出。

太平天国运动改变了堠溪的人口结构。战争爆发前，堠溪镇有五六万人。虽然在山区逼仄地带，也常有村落存在。炊烟袅袅，一派农耕文明的祥和景象。同治元年（1862 年），左宗棠统率清军由安徽攻浙江。同治三年（1864 年）八月战争基本结束，太平军占领的浙江各地府县被清军一一收复。残酷的战争把堠溪作为主战场激战数月，双方厮杀之后，堠溪完全成为焦土，"居民什不存一，村墟寥落"[②]。旧建筑几无遗存。

战后统计人口，堠溪全镇残留土著仅有 4646 人。整个江南地区包含湖州府大多与此类似：人口损失严重，经济社会面临严峻问题。浙江不得不出台各种招募垦民的政策，有组织地从浙南温州一带（当时叫平阳）、河南等地招募农民前来垦荒，并在各地设立"劝农局""开垦局"等机构，鼓励开垦荒田。前来开垦的农民获得的条件极为丰厚，如"插标划田，立界为山""据室为家"等，因为大片良田无人耕种，很多的房间空置无人居住。

到了光绪初年，土著和客民的矛盾也日益突出。早期从各地汇聚到堠溪的移民凭借山深路远，官府难以监察和迅速到达，常常打家劫舍、

---

① 陈学文：《湖州府城镇经济史料类纂》，第 226—227 页。
② 浙江采访忠义局：《浙江忠义录》（同治五年马新贻序刻本）卷 5。

侵掠财产。而这些人又以客民居多，且案例亦以劫掠土著居民案例为多。当时的湖州知府宗源翰为此头疼不已。

宗源翰年少即有才华，太平天国时期学幕入官，有识见而善治理，从光绪初年开始担任衢州知府，后来转到湖州任知府。到任后首先遇到的难题就是地方的土客矛盾。他坚定地认为，一定要解决埭溪山区的土客矛盾，弹压恶势力。他说：

> 兵燹以后地旷人稀，土著寥落，温、台等处客民借垦荒佣工而至者不一而足，奸莠夹杂，欺凌土著，聚赌为盗，收藏枪械火器，无所不至。前数年埭溪盗案颇多，卑府去秋七月到任后，访悉其故，鼓励本镇之民联络巡防，添设栅栏，札饬埭溪巡检会同营汛，督率稽巡，并商饬归安县雷令，严捕盗贼。①

巡检是地方长官，而营汛是地方的驻军。埭溪当时归归安管辖，因此宗源翰要求归安雷县令迅速捕捉盗贼。宗源翰针对埭溪社会治安问题，有很多的分析和考虑。他记述说：

> 今埭溪一带，万山丛杂，七县交界，各离县城远至百里、数十里。山村民居，多者一二十，少者数家。散处山坳，寥寥孑遗。各该县大抵视为瓯脱，不复措意。客民知其然也。于是垦荒者至，而并不垦荒者为盗为匪者亦复纷至。僻壤穷山，土著民力既不足畏，犬牙交错，此拏彼窜，官力又不足畏。初则欺诈，旋且抢夺，甚至掳人勒索，聚众械斗，无所不至。地方官离城遥远，不知者有之，知而不深问者有之。年复一

---

① 宗源翰：《怡情馆闻过集》卷9，第3页a—第3页b。

年，几成逋逃之薮。其垦荒者客民，其滋扰者皆客匪也。[1]

惟山深村密，离镇数十里之村稽察所不能遍，受害者往往隐忍，不敢控告。卑府伏思该处人少土荒，客民如安分垦种，佣工原不必事驱逐。而强横之徒难以容留，且若辈幸遇丰岁，有花息可收。设遇岁荒，何堪设想。山野之中，兵役去则各皆兽散，兵役回则又麕聚。……游手浪荡，并无垦佃。山僻聚处，私藏军械。赌博、盗窃、伪诈，无事不为。此不垦荒客民之病也。土著寥寥，为客民所欺压，其懦者招客民为雇工佃户，而不能约束；不肖者勾结聚赌，容隐匪类，卒之身受其害而不知悟。此土著之病也。[2]

宗源翰分析了客民和土著各自的情况，以及造成社会治安不断出现各种问题的原因。为了解决社会治安问题，他多次莅临埭溪，并亲自指挥解决社会治理问题，甚至亲自处理治安事件。

首先他派人详尽地了解了埭溪各村落的客民与土著的人数情况，具体见表3。

表3　光绪初年宗源翰统计埭溪土客居民基本情况[3]

庄号	村里数目	填册牌数	土著户数	客民	
				来源地	客民户数
内五庄	11 里	一册九牌	421		
外五庄	8 村	一册十牌	125	温州、绍兴	7

---

[1] 宗源翰：《怡情馆闻过集》卷9，第4页b—第5页b。
[2] 宗源翰：《怡情馆闻过集》卷9，第8页a—第9页b。
[3] 宗源翰：《怡情馆闻过集》卷10，第18页b—第21页b。

庄号	村里数目	填册牌数	土著户数	棚民	
				来源地	棚民户数
六庄	11 村	一册十九牌	179	绍兴	9
七庄	8 村	一册十四牌	130	温州、宁波	57
八庄	7 村	一册十四牌	139		32
九庄	5 村	一册九牌	95	温州、宁波、福建	14
十庄	5 村	一册九牌	82	温州、宁波、东阳	12
十一庄	8 村	一册十七牌	193	宁波、台州、处州、安徽	7
十二庄	7 村	一册十三牌	163		
十三庄	5 村	一册六牌	59	温州、宁波	53
十四庄	4 村	一册六牌	55	温州、宁波	21
十五庄	8 村	一册十一牌	117	温州、宁波、金华	8
十六庄	9 村	一册十四牌	154		
十七庄	5 村	一册十牌	87		

当时埭溪总计客民共有 220 户，其中男性 1051 人（其中成年 936 人，未成年 115 人），女性 175 人（其中成年 140 人，未成年 35 人）。显然，男女比例失调也是造成社会矛盾的一个因素。[1]

宗源翰为了彻底解决土客矛盾的问题，特别出台了一系列政策，如《查办埭溪一带七县境内棚民土著拟议章程》20 条。宗源翰要求湖州其他地方若有类似问题的也一律按照此规定执行。这 20 条的内容是[2]：

---

[1] 宗源翰：《怡情馆闻过集》卷 10，第 21 页 b。

[2] 戴槃：《严陵纪略》（同治七年刻本）。

一、根据山村客民的具体情况选出棚头、棚长，以杜滥充；

二、客民分别棚区，以取互保，以严连坐；

三、每村造册给发门牌，以便稽查；

四、禁止佐杂给牌以杜弊端；

五、申明对于棚民的日常禁约以示法守；

六、给发棚民腰牌以免混迹；

七、重视垦种，驱逐游手；

八、委员在埭溪一带搜查盗匪以除祸根；

九、收缴客籍、土著所藏军火器械以防后患；

十、清理垦佃，以杜霸占；

十一、禁止新开山场，以保护水利；

十二、严禁开设赌场，以清盗源；

十三、清查新到棚民，以杜隐混；

十四、迁徙棚民随时报官，以符牌册；

十五、清查载客航船，以清来源；

十六、客民按棚稽查，土著也应查办，以示一律；

十七、清查客籍雇工，以杜窝混；

十八、对棚头、棚长和甲长、牌长中约束有方、稽查认真者，给发花红匾，以示鼓励优待；

十九、禁止地方随意需索客民、土著；

二十、湖州府属七县分捐经费，设立埭溪巡检，共同查办土客问题。

这些措施主要是针对新迁徙到埭溪的客民。因为刚刚迁徙而来的客民，不安定因素较多。一旦有人劫掠，互相包庇，反而形成效仿或者团伙。对此，宗源翰在处置各种案件时，选取典型案例，予以公示。如：

为晓谕事。照得埭溪一带，山深林密，温、台棚民杂处，屡出盗案，迄未破获。昨经本府饬，据归安县派捕往拿，已获盗犯老林并窝家傅士高。此次民人吴文饶及傅姓之媳通风报信，甚属可嘉。除由本府给赏以示风劝外，合亟示谕。为此示，仰埭溪沿山一带居民人等知悉，此后匪犯入境及窝匪之家，尔等报告巡检汛官拿获真盗，凡眼线及帮拿之人，皆有重赏；知情不报，定于重咎。其甘心窝匪者，身罹法网，傅士高前车可鉴，后悔无及。

凛遵特示！ [1]

这是针对一桩案件对全社会发出的公示布告。吴文饶和傅士高的媳妇告发了盗犯老林窝藏在傅士高家的情况。官府在捉拿盗贼同时，也予以告发者重赏，并公示全社会，以儆效尤，鼓励发动群众一起参与维护社会治安。

埭溪所处位置，在湖州下属归安、乌程、德清、武康、安吉、孝丰7县交界地方。原设置巡检司维持社会治安，但是巡检司只有巡检官1人，汛官1人，下属不足10人。埭溪境内幅员辽阔，山深路远，因此一旦犯案者逾山而走，窜入他境，便很难有效制止盗案、劫案发生。宗源翰治理埭溪，调动一名副将统率100余名军士屯驻，又调拨炮船两只，

---

① 宗源翰：《怡情馆闻过集》卷9，第1页a。

驻扎埭溪口岸，互为声气以支援。

与保甲制度相互协作，埭溪在太平天国运动后，社会治安形势日益安定。客民和土著的矛盾也渐次减少，文化上则逐步融合。先期在埭溪落户的客民又不断从故地接引更多的人迁徙至埭溪定居，埭溪的人口也缓慢回升。经历50多年，大约到抗日战争前夕，埭溪人口已经回升到3万多，显示了地方社会蓬勃发展之势与顽强生命力。

第四章

埭溪先贤录：流向空林作梵音

　　适合人类生存，是改造自然和创造地域文化的起点。埭溪自上古时期起便有人类活动，繁衍生息，历世不穷。早期的文献无征，不能予以记述，而零星的一些文献也无法全面记载唐代以前埭溪的面貌。比如卜城的兴废，恐怕只有依靠考古发掘来探求真相。即便进入唐代，很多历史依旧只留下了片言只字。比如唐初的高僧道宣，埭溪金山寺即由他来开山[①]，但是具体情况不得而知。影响地域最具革命性的因素，是人物；而地域的社会环境，尤其是地域人文环境，则催生和制约了人的行为、决策和成长。人与环境的关系，可以说是一种相互作用的关系，既是结果，也是原因。

---

① 道宣：《大唐内典录》卷5，第282页。

第一节　唐代诗人与精舍寺

湖州埭溪之精舍寺，盛名得之于白居易。白居易诗《寄题上强山精舍寺》写道：

> 惯游山水住南州，行尽天台及虎丘。
>
> 惟有上强精舍寺，最堪游处未曾游。①

这首诗最初并未出现在白居易的诗文集中，而是出现在南宋王象之《舆地纪胜》及嘉泰《吴兴志》中。书中虽称"今湖州石刻尚存"，但也有人怀疑这首诗不是白居易写的，毕竟古人为了乡梓荣耀干过不少托名自颂的事情。然而唐代写精舍寺的诗人数量委实不少。诗歌诠释描摹的文化遗迹，大多为皇都故址胜迹，如大明宫、华清池之类，实际上地方上的一些曾经的繁华胜地，也非常值得去探赜索隐——比如这座精舍寺。

埭溪精舍寺，始建于南朝陈永定年间。当时佛教在华大举传播已近500年，而江南地区达官显贵、市井名流莫不趋之若鹜。埭溪乡人、地方豪绅管聚，曾为南朝陈时期的青州刺史。大约他于佛教虔诚，故决心舍宅而建寺庙。"舍宅为寺"是当时的社会风尚，以示对佛教信仰的虔诚。管聚正史无载，但是管氏为乌程土著，自汉代已有家族在繁衍。②陆心源《千甓亭古砖图释》中即载录管氏汉末两晋时期墓砖多种，可见管氏为地方显贵。南朝陈辖境萎缩，境内本无青州。永嘉南渡以后不久，到元帝时期（317—322年）侨置青州于广陵（今江苏扬州）。

---

① 白居易：《白居易集》，第1520页。
② 谈钥：《吴兴志》卷13，第31页。

精舍寺故址，在今埭溪镇莫家栅后旦自然村境内，两山夹峙，地势颇显陡峭。尤其是沿着弯弯曲曲小路径直前行，山路崎岖，可见山中有溪水由上而下的沟渠，而溪水并不甚多。山路两侧岩壁上，曾有一些摩崖石刻。入山行一里许，已经开始有房舍，并不是古旧建筑，大约也是近三四十年来修建起来的，而且也看不出是僧寺房舍的形态。再往上走，愈益陡峭，路的两侧，杂草丛生，显露以石块为主构筑的台基型房基，一层一层叠加而上，足有几十层。足见精舍寺原本规模宏大。

"精舍"本义为儒生讲学之地，梵语，意谓"寺院"。《后汉书·儒林列传》："因住东海，立精舍讲授。"① 《后汉书·党锢列传》："（檀敷）立精舍教授，远方至者尝数百人。"② 后道教衍生，也称居所谓"精舍"。如《三国志》："于吉来吴，立精舍，烧香读道书。"③ 自南朝开始，借此"精舍"称呼传道场所。宋人王观国《学林新编》曰："晋孝武幼奉佛法，立静舍于殿门，引沙门居之。因此俗谓佛寺曰静舍，亦曰精舍。"《释迦谱》曰："息心所栖，故曰精舍。"《慧苑音义》曰："《艺文类聚》曰：精舍者，非以舍之精妙名为精舍，由其精练行者之所居，故谓之精舍也。"④ 可以考知，"精舍"乃指学习修行之所，自南朝开始泛指佛寺。而埭溪精舍寺名实来源于此。

传世最早的写精舍寺的唐代诗人，是中唐文坛领袖钱起，诗题为《题精舍寺》：

---

① 范晔：《后汉书》，第 2570 页。
② 范晔：《后汉书》，第 2215 页。
③ 陈寿：《三国志》，第 1110 页。
④ 玄奘：《大唐西域记译注》，第 115 页。

胜景不易遇，入门神顿清。

房房占山色，处处分泉声。

诗思竹间得，道心松下生。

何时来此地，摆落世间情。[①]

钱起比白居易大 50 岁，钱起去世的时候，白居易才 8 岁，白居易根本无缘得见声名显赫的钱起。李白虽然生前已经诗名遍及天下，可惜多数时间赋闲；杜甫生前寂寂无闻，死后才声誉赫赫中天；而湖州钱起，生前既为中唐文坛领袖，时人无所不知，又官至考功员外郎，专门负责录取考生——一生追求功名的李杜若地下有知，不知作何感想啊。

钱起这首诗应该是晚年之作。从诗歌中的"摆落世间情"一言可知，他是在厌倦官场生活之后，才会这样写。年少青春、努力奋斗的时候，是不会有这样的情绪的。钱起的诗歌风格与李杜完全不同，盛唐时期诗坛斗志昂扬和激情澎湃，而在安史之乱无情的战火硝烟下之，在百万苍生白骨露野之后，文坛领袖钱起开启了中唐关注民生和个人化的写作。李白见识过大唐盛世的辉煌，其"飞流直下三千尺"之类的狂放飘逸之言，钱起是无论如何都写不出来的。

钱氏是江南豪族，汉代迁徙至江南之后，到两晋时期颇为显贵，与吴兴沈氏、义兴（今江苏宜兴）周氏建立强大的联盟，一度成为王朝倚重的地方势力。只是后来因为钱凤谋反被判灭族，钱氏才式微。到了隋末，钱九陇随李世民征战天下，功封凌烟阁二十四功臣之一，钱氏才重启辉煌。但是长城钱氏在中原崔卢郑王李五姓看来就是贱族，而且钱九

---

① 彭定求等：《全唐诗》，第 2626 页。

陇等属于战败北迁的钱氏族人，大概跟远在湖州故地的钱起家族牵扯不上关系，最多能认个故旧族人。

不同于李白、杜甫的不断踬踣的跌宕人生，少年钱起功课学得非常好，尤其知道该怎样考试。他20多岁就开始做湖州地方的计吏，也就是总会计。这一工作岗位非常不容易，每年要把湖州地方全年钱粮款项以及地方财务统计核算好，然后到长安城去向中央政府汇报。这给钱起带来了非常好的锻炼机会。湖州到长安3000里，沿途风景名胜钱起尽览眼底，也熟悉了皇都达官显贵交接进退揖让礼仪，且熟谙天下风气之先。钱起一边尽心尽力忙工作，一边在做功课准备考试。唐代科举考试以诗赋为主，诗歌写得怎么样，是决定命运的一桩事情，所以他几乎时时刻刻琢磨诗意词句，甚至在去长安城汇报工作的路上，也都在做功课。有一天夜里在京口（今江苏镇江）馆驿住宿下来，梦中一位仙人教给他一句诗："曲终人不见，江上数峰青。"后来他把这两句诗写进考卷，最终高中进士第一名，他的试卷成为唐代科举考试中少有的满分考卷。明代王世贞赞其"亿不得一"，朱光潜论其"启示了一种哲学的意蕴"[1]，而鲁迅最尖锐也最尖酸，说这两句诗没别的，好处就在于会做题，"圆转活脱"[2]。当时考试的题目是"湘灵鼓瑟"。总之钱起在天宝十年（751年）的科举中脱颖而出，成为人生赢家。

钱起高中科举进士第一名（当时还没有"状元"称呼，而叫"状头"，就是张榜公布的状子上的头一名的意思。如此说实际钱起才是湖州

① 朱光潜：《谈读书》，第66页。
② 鲁迅：《鲁迅全集》第6卷，第242页。

名副其实的第一位状元），四年后安史之乱爆发，大唐盛世转眼间灰飞烟灭，钱起人生辗转，从底层做起，终于熬到蓝田县尉（大约相当于今天的县公安局局长），客居在一位文坛前辈——比钱起早20年中状元的文化领袖王维家中。王维本是蒲州人（今山西运城），为了为官方便，很早就在蓝田营造辋川别墅。钱起多次拜访王维，互相酬唱。王维有意提携钱起，凡是评论诗歌，总是给钱起最高评价。王维去世之后，钱起俨然为文坛领袖，时人许以"芟齐宋之浮游，削梁陈之靡嫚。迥然独立，莫之与群"。

钱起游览精舍寺时的诗歌大约作于晚年，而与钱起齐名的文坛领袖郎士元，也写有一首《题精舍寺：作酬王季友秋夜宿露台寺见寄》的诗，诗这样写：

> 石林精舍武溪东，夜扣禅关谒远公。
>
> 月在上方诸品静，僧持半偈万缘空。
>
> 秋山竟日闻猿啸，落木寒泉听不穷。
>
> 惟有双峰最高顶，此心期与故人同。①

宋嘉泰《吴兴志》明确称"郢州刺史郎士元各有题诗在寺"的，应该就是这一首。但是据考据，这首诗写在庐山，而非湖州。或者郎士元另有写及精舍寺的诗歌？

郎士元一度霸占文坛高位。郎士元是钱起的好朋友，二人交谊深厚，钱起与郎士元并称"钱郎"。但郎士元比钱起中进士晚，自然得称钱起

---

① 彭定求等：《全唐诗》，第2786页。

为大哥。按唐人的生活习俗，被任命为地方官的官员离京赴任，一定要请最知名的诗人来折柳送行并赋诗，以传诵文坛，显示自己的地位声势。而最负盛名的，就是文坛领袖钱起、郎士元。要是请不动这二位参与写诗送别，那是很没面子的事情。在唐代达官显贵的酒席宴上，也喜欢请当代诗人即席赋诗，并邀请一人作为宴席赋诗的主持人，叫作"擅场"。钱起、郎士元就做了很多次的"擅场"。郎士元很狂，曾经嘲笑郭子仪不懂琴，马燧不懂茶道，田承嗣心怀异志。三人都是指挥千军万马的军中悍将。郭子仪和田承嗣听了笑笑就算了，马燧却不乐意了，于是做足了准备，请郎士元到家里喝茶。那时候喝茶如喝酒，你一杯我一杯，二人喝茶至"二十瓯"。那时候茶是煮了喝的，清凉泻火很是厉害。马燧是有备而来，郎士元年老体弱，从此一病不起，因此去世，算付出代价闭上嘴不能再讽刺人家了。[①]我们无法找到郎士元吟诵埭溪精舍寺的确切诗歌，但是郎士元在安史之乱后一度下江南避难，曾经游历湖州是肯定的。

嘉泰《吴兴志》记录同时在精舍寺壁间题诗的还有唐中书舍人李百药、御史大夫高智周。

李百药是安平（今河北衡水）人，字重规。家世显赫，其父李德林曾为隋朝内史令。李百药少年英俊，"才行世显，为天下推重"。他大概是史上北方人在南方混得非常好的一位官员。隋末，隋炀帝不待见他，刻意把他贬谪到南方最艰苦的地方为官，结果他走到湖州，遭遇天下大乱。沈法兴、李子通、杜伏威、辅公祐占据江南，割据一方，相继叛乱，但是都拜李百药为高官以服众。到战乱平息，李百药归顺大唐，李世民

---

① 辛文房：《唐才子传校笺》，第105页。

让他做礼部侍郎。李百药高寿，至85岁才去世，德才艺品兼具，可谓古代官员的偶像级人物。[1]隋末唐初他的确在湖州待了较长一段时间，因为沈法兴的大本营就在武康，而埭溪在那段时期是武康县的辖境，游历精舍寺也在情理之中。可惜他传世的诗文并不多，他的关于精舍寺的诗歌并没有传世。

高智周是宜兴人，是初唐时期一位智慧之士，满朝文武皆无与可比。他淡泊名利，屡请辞官，官阶却节节升高，直至宰相。[2]他参谒埭溪精舍寺后写的作品并无全诗，只留下一句："院古皆种杉。"[3]

埭溪精舍寺大约在唐代中期开始就逐步衰落了。其原因十分蹊跷，居然是山上的泉水干涸，导致寺院里的僧人无法承受到五六里之外的山下挑水上山应对日常生活所需，庙里僧人渐次减少，精舍寺逐步衰落。但是在庙宇勉强支撑时期，还是有不少显贵前来参谒。比如颜真卿的前一任湖州刺史卢幼平。陪同卢刺史来的是高僧皎然。皎然有诗歌记录此事，题为《奉同卢使君幼平游精舍寺》：

> 影刹西方在，虚空翠色分。
> 人天霁后见，猿鸟定中闻。
> 真界隐青壁，春山凌白云。
> 今朝石门会，千古仰斯文。[4]

埭溪地处杭州、湖州之间，武康北侧，东临东苕溪，西侧为山地。

① 刘昫等：《旧唐书》，第2571—2577页。
② 宋祁、欧阳修等：《新唐书》，第4041页。
③ 解缙、姚广孝等：《永乐大典》卷2278，第10页a。
④ 辛文房：《唐才子传校笺》，第826页。

汉末以来，佛教颇为发达。文献记录自西晋永嘉元年在埭头港口建崇胜院之后，南朝陈永定时期又建精舍寺，随后唐贞观三年（629年）高僧道宣在埭头金山建广法禅院（后改名金山寺），宋治平元年（1064年）高僧雨庵在巧溪村建妙严寺。①这几座寺庙影响力都比较大，吸引了很多文人墨客前来参访。

如与皎然同时代的刘商。刘商（约735—约807年）字子夏，彭城（今江苏徐州）人。他号称是汉代中山靖王之后，所以家世了得。到大历年间（766—779年）考中进士，彼时钱起已经如日中天。刘商早期做过合肥县令，后来官至比部员外郎、虞部员外郎、兵部郎中，这都是朝中非常重要的官职了，后来改为汴州（今河南开封）观察判官。但是这个人很特别，信仰道教，突然辞官下江南，开启道教修炼事业。他对花临月，悠然独酌，亢音长唱，放适自遂。赋《醉后》诗曰：

> 春草秋风老此身，一瓢长醉任家贫。
> 醒来还爱浮萍草，漂寄官河不属人。②

据传他隐居在义兴胡父渚，闲时也四处游历。有一段时间，来到湖州，寓居于埭溪上强山下。他来到精舍寺，所见已经残破不堪，远非初唐时期那般赫然威名，房舍破落，僧人稀少，春天的古殿空掩大门，柳絮到处飘飞。僧人听闻有客前来，匆匆忙忙跑出来迎接贵宾。刘商是想要留下来过夜，品味一下著名的精舍寺的风情的。但是得知僧人生活条件艰苦，各种设施都不齐全，想想还是算了，虽然已近夜幕，但还是下

① 宗源翰，周学浚、汪日桢等：《湖州府志》卷27，第23页。
② 辛文房：《唐才子传校笺》，第257—266页。

山回去吧。此即《题禅居废寺》所描述的事件：

> 凋残精舍在，连步访缁衣。
> 古殿门空掩，杨花雪乱飞。
> 鹤巢松影薄，僧少磬声稀。
> 青眼能留客，疏钟逼夜归。①

刘商喜欢喝酒，诗歌写得好，传世有《拟蔡琰胡笳曲》，高雅殊绝，当时就脍炙人口。他又善于绘画，所绘制的画作传扬江湖，尤其工于画山水树石，人皆以为神。他信仰道教，修炼丹药，在武康居住时期有很多惊世传说。比如专门记述道教神奇故事的《仙传拾遗》就记载说，刘商在埭溪上强山隐居期间，樵夫来卖山柴，哪怕是一小把最差的枯草，他也高价购买。所以他所隐居之地，很快就有了大量的各种中药材堆积。有一次他在山间闲步，忽然听到山林中有人在说话，说："中山刘商，今日已赐真术矣，盖阴功笃好之所感乎。"意思是：刘商这个人啊，今天已经得到道术，可能是他在阴间做了太多好事的缘故吧！"刘商听了之后赶紧去把当天买的最差的那一把枯草——竟是白术——取来煎药自服，并加以修炼，不久就"齿发益盛，貌如婴童；举步轻速，可及驰马；登涉云岩，无复困惫"，开启了返老还童的步伐。又过了一些时间，刘商"坐知四方之事，验若符契"，步入得道成仙的状态，于是进入上强山洞中，人们极少再见到他。

过了近80年，到了晚唐咸通年间（860—873年），在埭溪上强山

---

① 彭定求等：《全唐诗》，第3454页。

下，有个开店的酒家掌柜，发现了一位砍柴的老人差不多每个月来光顾一次酒家。酒家掌柜发觉这位老人十分不寻常，于是每次都招待得非常周到客气。有一次这位砍柴老人又来了，对酒家掌柜说："我是中山刘商，一直钻研绘画，希望你准备绘画工具，下次我来了给你绘制一幅画，来报答你每次的热情款待。"酒家掌柜赶紧准备纸墨笔砚，刘商果然不久又来了，"援毫运思，顷刻而千山万水，非世工之所及"。顷刻之间，一幅山水画作就完成了。临走的时候刘商对酒家掌柜说：我祖先淮南王，现在担任九海总司，位列神仙之中，现在授予我南溟都水的职务，再有10天左右我就赴任，以后不再来了。十多天后，"天色晴霁，香风瑞云，弥布山谷，樵者见空中骑乘，飞举南去"。这位砍柴的老者——按照推算年龄是120多岁的刘商飞天成仙去了。[1]

这故事颇显神话味道，但是我们可以从中看出刘商与上强山及精舍寺有过密切的关系，地方上曾经有过好多关于他的传说。刘商在美术史上还是很有地位的。刘商为自己的画题诗，径直破题，后人屡屡称道。可惜他的画作未见传世。元末明初，临摹刘商画作《观弈图》的画作现世，被时人茅彦刻在石头上，被后世不断提及。其中最著名的是明初开国元勋刘基的一段题跋，称刘商《观弈图》，"李伯时临，茅君彦勒，苏先生识盖皆假设之云"。"其描写模刻，实俱妙绝。"明初成廷圭为此写诗（《刘商观弈图》）道：

> 茅生绝艺天下无，何以刻此观弈图。
>
> 刘商见之亦惊倒，神妙似与龙眠俱。

---

[1] 杜光庭：《仙传拾遗》，第765页。

松阴对弈者谁子，岂非甪里园公乎？

云绡雾谷古冠佩，童颜雪项沧溟枯。

野樵旁立太痴绝，归来始觉仙凡殊；

斧柯竟化作尘土，世间甲子真须臾。

老夫只解饮醇酒，一着输赢曾放手。

市廛有地寄闲身，却觅南山橘中叟。①

明初张以宁也有诗《题刘商观弈图》：

松风冉冉羽衣轻，石上谈棋笑语清；

樵客岂知人世换，山童遥指海尘生。

碧桃落尽又春去，白鹤归来空月明；

一着山中犹未了，人间流落不胜情。②

元末诗人王冕也有诗歌赞刘商：

棋畔樵人斧柯烂，正与刘商旧画同。

粉墨消磨雕刻在，神仙飘忽有无中。③

诗歌吟咏的是图画中的神仙故事，同时也反映了刘商绘画艺术高超。

刘商在神话故事里神龙见首不见尾，但是从他的传世作品中，还是可以看出他与埭溪一带的人的交往。比如《全唐诗》收录了郎士元写的一首题为《赠强山人》的诗：

---

① 杨镰：《全元诗》，第375页。
② 杨镰：《全元诗》，第223页。
③ 王冕：《王冕集》，第40页。

或掉轻舟或杖藜，寻常适意钓前溪。

草堂竹径在何处，落日孤烟寒渚西。[1]

这是赠送给一位叫作"强山人"的隐士的诗，诗歌内容是写强山人或者行舟，或者爬山，经常在前溪钓鱼，住所在哪里呢？在一塘池水的西侧。这位强山人，应该就生活在埭溪一带。前溪在武康，当时埭溪是属于武康管辖的。由此可知埭溪有不少高人隐士，流落至此的刘商与他们交往密切是很有可能的。

在中晚唐时代，佛教经历了巨变。大唐立国兼重儒释道，安史之乱后割据势力强悍，民不聊生，儒学式微，佛道乘机在民间迅速发展，占据了大量的社会资源和经济资源，引发了帝王对佛教的偏见。晚唐武宗李炎在位时期（841—846 年），发动"灭佛"活动，史称"会昌灭佛"。此后佛教虽然劫后余生，却再也不像在唐早期那样生机勃勃。

佛教建筑场所早期在民间生存，主要有两种方式：一是道场，专为百姓祈福祛灾举办宗教活动，寺庙往往设在闹市或城市乡村中心；二是僧人修行的地方，号称"精舍"，实际是高僧或僧人获取佛教知识、修行参禅悟道的地方。道场主要靠举办大型法会收取民间捐资，类似于经营；精舍则完全依赖政府财力支持和资助。安史之乱造成的社会动乱，削弱了政府财力，政府无力再资助佛教寺庙，反而总想攫取寺庙的财产助力国家机器运行。所以"会昌灭佛"之后，佛教寺院完全依靠民间力量不足以支撑自身的生存发展，丛林制度由此全面蓬勃兴起。丛林制度也就是寺院不再完全依靠政府财力，僧人不再不劳而获——专行法事和

---

① 彭定求等：《全唐诗》，第 2784 页。

修行，而是平时与俗人一样耕作种地，闲时举办法事，佛教的宗派也日趋合流。唐大中元年，精舍寺改为禅院，就是一个标志性的事件。埭溪精舍寺式微，大概除了遭遇泉水干涸，难以支持大量僧众在寺庙修行的原因，也有政府灭佛制度摧残和丛林制度兴起的原因。地方财政乏力，无以支撑其财力支出，丛林制度建立的时候，寺庙周边土地贫瘠，农业经营也难以维持寺院香火，所以精舍寺在中唐之前已经开始衰落。

白居易在湖州遗憾没有游历上强山精舍寺，或许也有精舍寺已经走向衰落的原因。精舍寺到白居易的时代，已经建寺近 300 年。精舍寺颇有声势，是因为内有三绝：陈朝的观音塑像，商仲容书写的匾额，山门高百尺。[1] 发达时期的精舍寺内有井，"广半亩"，水很清冽。井中有鳗鱼，背有金线，僧众称之为"鳗菩萨"。水旱的时候祈祷，这鱼就显现在水面。[2] 南宋状元卫泾也曾经到访埭溪精舍寺，"崎岖鸟道，古木阴翳，仰视岩石壁立，如飞来峰气象。下枕溪流，为龙母潭"。同时他也看到了金鳗井。他写诗道：

> 鳗井由来岁月深，泓澄一镜绝尘侵。
> 要观变化神功妙，会见翻为旱岁霖。[3]

这个井似乎已经没有半亩大，干涸到只剩下"泓澄一镜"。卫泾与湖州关系密切，自己写诗称："早晚归舟行雪上，青灯深夜听伊吾。"[4] 卫氏一门豪杰，数代官宦，最后都安葬于埭溪石佛坞深山内。有意思的是，

① 何文焕：《历代诗话》，第 619 页。
② 宗源瀚，周学浚、汪曰桢等：《湖州府志》卷 27，第 23 页。
③ 卫泾：《后乐集》卷 20，第 12 页 a。
④ 诗题为《题沈氏书堂》。卫泾：《后乐集》卷 20，第 8 页 a。

卫泾说上强山下有龙母潭，当地人说龙母潭与金鳗井是相通的。

与卫泾同时代的诗人、隐士周文璞，也曾到访精舍寺，他写诗《上强寺》道：

> 方池流水碧溶溶，怊怅灵蛇不易逢。
>
> 门外行人常立看，一株唐末半枯松。[①]

似乎泉水还是存在的，只是破落景象已非从前模样：一棵唐末的松树已近枯朽，映衬着门外行人端详这树的眼神。精舍寺的辉煌已经成为往事，但是历史毫无意外地定格在了那个瞬间。

又过了500多年，康熙十七年（1678年），嘉兴反清义士、书商吕留良考察了这一带的山色风景，毅然掏钱买下附近一座小山，将之命名为妙山，开始在其中兴建风雨庵，令妙泉居其间，为晚年隐居生活做准备，揭开了一段新的历史。

宋元明清四代，精舍寺还苟延了很久，但再也没有重现唐代的辉煌。唐诗为我们追问其历史，提供了大量的文献依据和线索。

唐诗闪耀在这座只剩下房基的山坳空地上，余音袅袅，似乎永不停息。

---

① 周文璞：《方泉诗集》卷4，第12页a。

第二节　施氏英雄传

一、施氏先贤

历代文献多载施氏源于姬姓，周公旦为其始祖，封地在鲁国。鲁惠公之子有公子尾，字施父。施父之子受封施伯而南迁定居。今山东地区春秋故国之人，有很多南迁至江南地区。施氏应属早期南迁的家族之一。《越绝书》卷12记录了越国为了迷惑吴国，把西施献给吴国国君之事。[①]《氏族大全》卷2载："越女姓施，住东者曰东家施，住西者曰西家施。"[②]如此说来，春秋时期的美女西施，当为施姓最早知名的人物，也是最早定居江南地区的施氏族人。

按照施氏族谱记录，春秋时迁徙定居吴兴的施氏，后又北迁至安徽。到汉代，再度南迁乌程，大约以埭溪为重要的定居点。地方志记载湖州有汉太尉施延墓，大概并非空穴来风。近世埭溪出土的汉晋施氏墓砖，其中年号如三国吴凤皇，晋太康二年、元康三年、元康六年、元康七年、元康九年、永宁二年、太安二年、永昌元年、宁康元年[③]，也从实物上佐证了施氏早期在埭溪的历史。施渚——这个地名至少在唐代就已经出现，其起源或可追溯到汉代施氏迁居的早期定居点。后来施氏族人散居，遍及周边的安吉、武康等地。

施氏至东汉末期，已然是地方大族。孙吴政权早期创立者孙坚，手下大将朱治的姐姐嫁给了施氏为妻，育子名施然，字义封。因为朱治无

---

① 佚名：《氏族大全》卷2，第15页a。
② 陈均：《中兴两朝编年纲目》，第517—518页。
③ 陆心源：《千甓亭古砖图释》。

子，于是收施然为养子，使其改姓朱。朱然从小就跟孙坚诸子如孙权等一起读书，私交甚好。朱治跟随孙坚攻长沙、零陵、桂阳三郡（此三郡皆位于今湖南），征伐董卓，在军中地位显赫。孙坚死后佐其子孙策。孙策依附袁术，朱治劝孙策返回江东，孙策不听，朱治便赴吴郡为都尉。不久起兵钱塘（今浙江杭州），领吴郡太守。孙策死后，朱然辅佐孙权。官至九真太守，行扶义将军，封毗陵侯。又拜安国将军，改封故鄣（今浙江安吉）。

朱治死后，朱然袭其爵位，曾任余姚长、山阴令、临川太守，加折冲校尉。曾跟从吕蒙擒杀关羽，升昭武将军，封西安乡侯。吕蒙死后，代替吕蒙镇守江陵，曾为孙吴重要的军事将领之一。在吴蜀夷陵之战中，他与陆逊合力击败刘备，拜征北将军，封永安侯。在与曹魏交战时，朱然与魏国大将曹真、夏侯尚、张郃等周旋半年之久，名震四方。后官至左大司马、右军师。赤乌十二年（249年），朱然病逝，享年68岁。孙权为其素服举哀。[①]

朱然死后，其子施绩改回原来姓氏。

二、施绩

施绩字公绪，早年曾经在军中任职郎官，后封建忠都尉。统领其叔父朱才兵马，随潘濬征伐五溪（今湖北荆州）蛮人，以胆量和勇力而受时人赞扬。后迁偏将军、营下督，兼理盗贼，执法公正严明。

孙权在继承人问题上出现了重大纰漏，纵容诸子与朝臣结交。当孙权之子孙霸为立储而拉拢朝廷重臣，亲自到施绩官署和他套交情时，施

---

① 陈寿：《三国志》，第 1303—2304 页。

绩严肃表示推辞，奉礼而行。赤乌十二年，朱然去世，施绩袭封当阳侯，任平魏将军、乐乡督。

施绩为人谨慎。在孙吴后期诸葛恪、孙峻、孙綝等权臣把持朝政、大肆杀伐、势焰熏天的时候，他依然能够明哲保身，为孙吴帝王所信任，非常难能可贵。而在孙吴政权面临军事威胁，危机四伏期间，他虽"怀疑自猜，深见忌恶"，但依然能够积极捍卫国家政权，与曹魏做军事斗争。施绩的官职，也在孙吴后期达到顶峰，曾任上大将军、都护督，管辖从巴丘（今湖南岳阳）到西陵（今湖北宜都）范围的领土。又任左大司马，奉命伐魏，不果而还。

在孙吴亡国前夕，建衡二年（270 年），施绩去世。10 年后孙吴被魏国吞灭。[1]

三、施但

三国后期，埭溪施氏参与了一场王朝内部的叛乱，震惊朝野。起因是孙氏家族在继承皇位问题上出现很多吊诡的现象。孙权有 7 个儿子，长子次子都早夭，遂立三子孙和为太子。但是孙权又宠爱四子孙霸，给予其与太子相同礼仪待遇。于是朝臣站队，分立两派，分别支持孙和与孙霸。孙权获悉信息，怒气大发，杀四子孙霸，黜三子孙和，转立幼子孙亮。这样引起了后人的极度不满。[2]

孙和被剥夺太子位，贬为故鄣王。孙权死后，幼子孙亮继位，孙和被宗室迫害而死。至永安元年（258 年），孙休即位，封孙和长子孙皓为

---

① 陈寿：《三国志》，第 1308—1309 页。
② 陈寿：《三国志》，第 1115—1148 页。

乌程侯，次子孙谦为永安侯（永安在今德清县武康镇）。永安七年（264年）孙休去世，群臣议立孙皓为帝。孙皓登基不久，有谶纬家望气，说荆州出现王气，对于当时孙吴的首都建业（今江苏南京）不利。于是孙皓决定迁都武昌（今湖北鄂州）。

武昌经济相对落后，一切宫室日用材料都需要搬迁。搬迁需要消耗大量人力物力，因此激起民怨。施但敏锐地窥察到民心变化，决心起兵推翻孙皓的统治，拥立孙谦为帝，建立贤明政权（三国时期埭溪归永安管辖，因而早期历史文献称施但为"永安山贼"）。施但积极争取到数千名百姓的支持后，说服在永安的孙谦举事，训练军队迅速占领乌程县，并夺取位于乌程县西孙和陵墓上的鼓吹曲盖等仪仗，兵锋直指建业。

所过之处，民众倾力支持，队伍不断扩大，达上万人。施但很有政治敏锐性，军队到达建业附近后，就派人与驻守建业的大将左御史大夫丁固和右将军诸葛靓联系，要求他们放下武器，归顺孙谦。但是丁固、诸葛靓斩杀来使，与施但军队正面迎战。双方在牛屯（今南京东南20千米处）交战。施但所部大多为农民出身，训练时间短，没有经历过残酷战争，大多没有军事装备，裸身无铠甲，临阵时大多溃退，施但起义失败。[1]在正史当中，施但被描绘为"山贼"，实则其为地方豪强不虚。

据嘉泰《吴兴志》，东晋时期，施氏家族有施彬，为晋尚书、左丞相、征西大将军。以征讨有功，诏封中涓侯。其父为青州牧，封安吉侯。可见三国之后，吴兴施氏依然枝叶繁盛，功业显赫，为地方望族。施彬去世后，地方甚至为他在梅溪修建施明侯庙，世代庙食，以彰显其威名。

---

① 谈钥：《吴兴志》卷13，第20页b。

这座庙宇晚至唐大中年间（847—860 年）尚在，施彬二十四代孙施公赞为之重修。①

隋末，吴兴施氏家族又有施世瑛。施世瑛，字玉华，东晋征西大将军施彬之后。施世瑛喜欢骑射，英武果断，为乡里年少者敬钦追随。隋末天下大乱。世瑛集宗族及乡里子弟，以军纪相约束，聚粮执戈自守，乡土得以安宁。后闻李渊起兵反隋，率众归附。唐武德三年（620 年），朝廷命世瑛镇守武州（今浙江德清），每遇征战，必身先士卒，屡建军功。②据传唐高祖李渊赐其金钟一口，下诏褒扬，世瑛升桃州（今安徽广德）刺史。③

四、施肩吾

施肩吾（780—861 年），字希圣，号东斋。唐宪宗元和二年（807 年）进士，生于唐睦州分水县桐岘乡（今浙江桐庐西北），其祖父辈尚定居埭溪。施肩吾是集诗人、道学家、台湾澎湖的第一位民间开拓者于一身的历史传奇人物。早年在分水县五云山、龙门等地读书。元和二年举进士，知贡举太常少卿李建试之《太羹不和赋》《早春茂雪诗》，以第 13 人及第。然淡于名利，不待授官，即东归。临行，张籍等著名文士为之赋诗饯行，传为韵事，既归，心慕洪州西山（今江西南昌西）为古十二真仙羽化之地，遂在此地筑室隐居，潜心修道炼丹，世称"华阳真人"，俗又称为"施状元"。

---

① 谈钥：《吴兴志》卷 13，第 20 页 b。
② 谈钥：《吴兴志》卷 1，第 9 页 b。
③ 董斯张：《吴兴备志》卷 9，第 1 页 a。

施肩吾晚年率族人渡海避乱，至澎湖列岛定居，为开发澎潮之先驱。他所作《岛夷行》诗——"腥臊海边多鬼市，岛夷居处无乡里。黑皮年少学采珠，手把生犀照咸水"[1]，颇能道出其地风光。史载施肩吾工诗，与白居易相友善，著有《西山集》，《全唐诗》收录其诗 197 首。另有道教著作《西山群仙会真记》《太白经》《黄帝阴符经解》《钟吕传道集》等。[2]

五、唐以后的湖州施氏

根据地方志的记述，唐代以后的湖州施氏，依旧是地方大族。比如嘉泰《吴兴志》载录了大量施氏族人事迹。施氏流布安吉，遍及乡里。从进士题名看，从北宋庆历二年（1042 年）到南宋庆元五年（1199 年）的短短 157 年间，荣登进士榜的施氏子弟就有 13 人，分别是：施硕、施耕、施敦仁、施锐、施中行、施涣之、施士衡、施贯之、施钜、施知彰、施元之、施迈、施一鸣。其中最显赫的莫过于施钜。[3]

施钜字大任，生于武康（当时埭溪归属武康管辖，可能就在今埭溪），政和八年（1118 年）登进士第，开启仕途。施钜所处的年代，正是北宋灭亡、南宋兴起的战乱年代。宋金交往，必有使节。使节非常重要，一旦办事不力，不仅会被朝臣诟病，也会在历史上留下骂名。施钜就曾担任使金使者，临危蹈险。后来他从嘉兴县令任上，被同乡沈与求举荐，入御史台担任主簿，开启在朝廷内的为官历程，逐步拾级而上，官至礼部侍郎。到绍兴二十四年（1154 年），被任命为参知政事。

---

[1] 彭定求等：《全唐诗》，第 5592 页。
[2] 辛文房：《唐才子传校笺》，第 139—144 页。
[3] 谈钥：《吴兴志》卷 17，第 11 页 a—第 17 页 b。

参知政事在宋代位高权重，类似于后世的副总理，与宰相并称"宰执"，操持国家大事。但是他所处的时代却非常特别。此时距离宋高宗伙同秦桧处死岳飞过去了12年，宋金达成和议，战事消停，国内似乎安宁，而皇帝以下政权组织则由秦桧一人把持。秦桧为了达到独裁和左右政局的目的，走马灯似的更换门下省、中书省侍郎，尚书省左、右丞，以及枢密使、枢密副使这些副宰相的人选，施钜就是其中之一。所以施钜在担任参知政事期间，无法发挥作用，还时时处处被人掣肘，被人监视。国忌日施钜的随从不懂规矩，拥盖误入棂星门，成为他的大罪状。施钜不免意兴阑珊，此后多次去寺庙与僧人交流，与友人交游，结果这些都被密告并成为罪状。施钜任职参知政事仅仅一年，就被参劾罢职，贬为静江（今广西）知府。史载：

……施钜、郑仲熊等，皆不一年或半年，诬以罪，罢之。尚疑复用，多使居千里外州军，且使人伺察之。是时，得两府者不以为荣。[①]

遇到这样的黑暗时代，做官简直就是一种折磨。

施钜后来辗转多地任职为地方官，朝廷称其"德望隆重，性资通明"[②]。施钜自身也非常通达，所以对于身世沉浮淡然处之。诗人王质过访施钜家，感慨其家族兴盛，写诗称：

> 濯濯双引干，盘盘同结根。
>
> 人知灵草木，天与好儿孙。
>
> 妩媚花窥眼，婆娑秀此轩。

---

① 陈均：《中兴两朝编年纲目》，第517—518页。
② 刘才邵：《樵溪居士集》卷6，第48页a。

门中福未艾，绕树更兰孙。[1]

施钜清约自持，严格自律，不沉溺声色。宋孝宗主政之后，他以左太中大夫致仕，回到故里安居，一直到 91 岁才去世。

施氏子弟在湖州地方，拥有极为强大的势力，尤其在安吉，更是望族。如宋代湖州地方志《吴兴统记》记载安吉人物总计 31 人，其中施姓 15 人，是人数最多家族。[2]

第三节　茅维及其洁溪隐居

茅维字孝若，号僧昙，祖籍埭溪镇茅坞村。大约在元代后期，茅维的八世祖茅骥（后世称其为金三公，又作千三公）曾经担任池州路总管。后来他弃官归隐，以治筏为业。有一次路经华溪（今湖州市练市镇花林村一带），大概在船上吃饭的时候，他不小心把碗掉到水里了，为此他大发感慨，说："难道上天不让我在这里吃饭吗？"之后遂从埭溪迁徙到华溪定居。后代茅迁，号南溪，家境丰饶，豪荡不羁，意气轩昂，喜谈诗，兼具逸士的风范，"以诗酒竹石自娱"[3]。

茅迁生茅坤。茅坤（1512—1601 年）字顺甫，号鹿门，少年勤奋求学读书，天资聪颖，胸怀大志，博览群书，后世描述他"篝灯荧荧，达曙不休。广平古赵地，有悲歌慷慨风"[4]。又尝求学于湖州大儒唐一庵。嘉

---

① 王质：《雪山集》卷 13，，第 9 页 b。
② 谈钥：《吴兴志》卷 17，第 10 页 b。
③ 茅坤：《茅坤集》，第 1349 页。
④ 茅坤：《茅坤集》，第 1352 页。

靖十七年（1538 年）中进士，开启为官生涯。初为青阳（今安徽池州）知县，后改为丹徒（今江苏镇江）知县。丁母忧后升礼部主事，后转吏部稽勋清吏司。因犯过失而贬为广平通判，又不断升迁至广西兵备佥事，管辖府江道。

茅坤以进士出身，在舞文弄墨之余，非常喜欢谈兵事。恰好广西发生瑶民起义，茅坤为总督应木贾出谋划策，提出"雕剿法"，实则就是今天所谓的突袭战法：派出精锐小分队，深入山寨，趁其不备，迅速发动围剿行动（当代称"斩首行动"）。总督本来还想等待朝廷派出 10 万大军，采用步步为营战法进攻。听茅坤这样一说，就把前线战事指挥权交给了茅坤。茅坤不负众望，率领部属连破 17 个营寨，平息了叛乱，立下了赫赫战功，转任大名兵备道。茅坤为人高调，性格豪爽，不拘小节，因此得罪了很多人。不久遭受谗言落职归乡，从此开启了隐居故里 46 年的岁月。①

茅坤退隐的时候才 43 岁，归乡隐居后，他的日常生活包括这样几件事情。

精于治产。茅坤不同于一般读书人甘于清贫，他热衷于扩大产业，在杭州、苏州、南京、湖州以及花林周边乡镇广治田产、房舍、商铺，称豪雄于一时。

做文章。茅坤一生著述颇丰，创作的诗歌、文章总计有《白华楼藏稿》11 卷、《续稿》15 卷。尤其是他编纂《唐宋八大家文钞》，流行海内，无人不知。

---

① 张廷玉等：《明史》，第 7374—7375 页。

藏书刻书。茅坤建白华藏书楼，编有九学十部，藏书甲于海内。又开设书局刻书，流布天下。当时号称乡里读书人无不知茅鹿门者。在茅坤影响下，茅家子弟如茅坤的4个儿子、5个孙子、2个曾孙、1个玄孙，加3个侄子、4个侄孙、2个曾侄孙等20余名子弟，都曾参与编纂刊书活动，直接把湖州推上晚明出版事业的重要基地的位置。

广行善事。茅坤做了很多慈善工作，尤其是晚年，凡是登门求救济者，他都予以周济。

茅坤长兄谓茅乾，弟弟谓茅艮，各有所长，尤其茅艮善于管理生产。茅坤次子茅国缙考中进士，成为茅氏第二代的中流砥柱。到万历三年（1575年），茅坤64岁的时候，小妾沈氏才生了小儿子茅维。这是茅坤的第四个儿子。茅坤去世之前，就已经为四个儿子茅翁积、茅国绥、茅国缙、茅维各自分配了家产。但是茅维既是小妾所生，又兼最小，因此在家族中的地位略低。根据后世茅维的记述，茅坤生前，哥哥茅国缙就侵占了茅维的财产。茅坤去世的时候，虽然茅维已经26岁，但是家族中的事务仍然是由长兄说了算。所以他很愤懑。仅仅6年后，茅国缙也去世了。但是茅国缙之子、茅维的侄子茅元仪更加不好对付。[1]赵红娟曾经研究茅氏家族子弟的个性特征，总结描述道：

善于治生，家产丰厚，有好利之名；纵酒狎妓，任侠好奇，性格放荡不羁；好读史，好治史，史学著述丰富；才气特出，操笔立就，喜藏书刻书；好交游，好谈兵，政治参与意识浓厚；盛而骤衰，富仅三代，生命

---

[1] 张梦新：《茅坤研究》。

周期短暂。①

茅氏子弟在茅坤中进士为官之后，个个都要出人头地，展示才华。茅坤的哥哥茅乾，花钱买官出仕，子弟个个豪气冲天，一副舍我其谁的样子。

茅维青年时期就十分聪明，与臧懋循、吴稼竳、吴梦旸并称"苕溪四子"。青年英俊，壮怀激烈。他从万历十九年（1591年）年方17岁开始参加乡试，之后经历了11次考试，其间两次乡试中举外，9次会试，无一成功（有一次怯场没有敢入考场，还有一次因故被驱逐出考场）。到了万历四十三年（1615年），茅维经历科举考试24年，已过不惑之年，他选择了返回到祖居地堽溪隐居。

堽溪是茅氏祖居地，但是从金三公350年前迁居华溪之后，茅氏子弟极少到堽溪。茅坤自述说，他自己也是在杭州参加乡试的时候，才与堽溪茅氏族弟茅德夫往来。到茅坤考中进士，奉诏归省，才第一次到堽溪祖坟吊祭累世先祖。但是堽溪茅氏的谱牒已经遗失，茅坤与堽溪茅氏子弟已经难以通辈分。好在此后华溪茅氏与堽溪茅氏开始交往。到茅坤去世前一年，堽溪茅德夫的子女找茅坤，述说茅德夫去世16年了，家贫依旧无法安葬。茅坤为此撰文，并召集家族子弟，共同出资，帮助解决了葬亲之事。②

从茅坤诗文可以了解到，茅坤被罢官归乡以后，经常拜访堽溪，一方面与族人交往，另一方面茅坤生性喜结交友人。就在茅维出生的那一

---

① 赵红娟：《论明代茅坤家族的家族特征》，《中国文学研究辑刊》（2021），第93—103页。
② 诗题为《葬族弟堽溪暨亡妇傅氏诗并序》。茅坤：《茅坤集》，第1263页。

年，64 岁的茅坤到埭溪的南园，拜访一位没有任何官职的普通百姓吴山人（山人是对没有功名的普通百姓的雅称），他写诗说：

> 秋来已投辖，雪里复携壶。
>
> 好客如君少，贪杯似我无。
>
> 葛巾漉且饮，藜杖醉还扶。
>
> 此日题诗谢，何如赍酒符。①

诗意是说，秋天的时候我就来吴家喝过酒，冬天的时候我再度来了，我要题诗感谢你们的盛情款待啊。

茅坤又去吴山人的侄子家喝酒：

> 步兵多逸调，再过阿咸家。
>
> 初种先生柳，频邀长者车。
>
> 雕盘供射稚，金碗泛流霞。
>
> 山简醉扶骑，那堪雪作花。②

在埭溪，茅坤写过很多歌颂当地风情的诗歌，比如《过小溪赠吴翁》：

> 溪上多佳气，山翁半亩庐。
>
> 轩楹武夷曲，人境鹿柴墟。
>
> 泉确翠微里，石田丹嶷余。
>
> 我来赋招隐，秋色满轺车。③

---

① 诗题为《乙亥秋寻山经埭溪痛饮吴南园家已而雪夜重过复遣使贻酒谢之以诗二首》。茅坤：《茅坤集》，第 47 页。

② 诗题为《又饮吴山人侄龙川家再赋一首》。茅坤：《茅坤集》，第 48 页。

③ 茅坤：《茅坤集》，第 47 页。

埭溪又称小溪。这位吴翁，大概就是前述的吴山人，又称吴南园。诗歌描述了他的半亩大的庄园的情形。其庄园所在的地方，大概是在今埭溪镇上强村的南园自然村一带。

茅坤之子茅维40余岁开始到埭溪隐居，应该有很多机缘。首先是他个人在追求功名的道路上遇到挫折，此外还有家族内部的纷争，尤其是后者，是茅维最头痛也难以应付的。总之，茅维于万历四十四年（1616年）开始在埭溪修筑经营洁溪别墅。三年后即万历四十七年（1619年），他正式移居埭溪。在随后的绝大多数时间里——除去有三年进京上书言事以及偶尔外出寻访，他都在埭溪生活，一直到清顺治初年（约1645年）去世。

根据文献材料我们知道，在茅维的洁溪别墅内，有很多院落和建筑。比如凌霞阁、林光楼、离垢园、琴书街、仙佛祠、十赉堂、婵娟台、霜鹤堂、吉安阁等。这些建筑不是同时建立起来的，而是茅维慢慢经营的结果。好多埭溪洁溪别墅的建筑，后来成为茅维诗文集的名称。比如他的诗文集有《茅洁溪集》25卷、《十赉堂集》47卷，他的诗文中也经常出现他自己庄园田舍的名字。经历了十多次科举失败的缙绅子弟，对于自身未来的命运是不服气的。茅维在埭溪洁溪别墅的岁月，是在时刻期待复出的过程中度过的。

晚明最后二三十年，是中国历史上政治势力互相倾轧，民族国家紧要关头不断摇摆，最后错失救民于水火时机的至暗时刻。不过这都是后来人在事后复盘、絮叨历史。假如身处天启（1621—1627年）、崇祯（1628—1644年）之时，恐怕每一个正义的政治人物都未必能做出最正确的选择。

就在茅维开始营造埭溪洁溪别墅的同一年，正月初一，努尔哈赤在赫图阿拉（今辽宁抚顺）正式称汗，建立大金国（后改为清），以攻伐明朝为目标，开启了一个新时代。之后不久明王朝各地的饥民不断起义，尤其以李自成、张献忠等最为激烈。而努尔哈赤的后金军万历四十七年在萨尔浒之战中大败明军，攻占了辽阳和沈阳，又在广宁之战中击败明军，进至山海关一线。天启七年（1627 年），努尔哈赤统帅大军围攻宁远（今辽宁葫芦岛），被袁崇焕的红衣大炮击退，努尔哈赤病卒。努尔哈赤之子皇太极即位后，在宁远和锦州与明军争战再次失利，于是改变战略。崇祯二年（1629 年），皇太极亲率大军绕开山海关一线，从西绕道南下，攻占遵化，进逼北京。

朝廷的政治形势，始终牵动着茅家子弟的心。从茅坤被罢职归乡，在很多年里茅坤都在密切地与浙江巡按御史胡宗宪往来，为胡宗宪抗倭斗争出谋划策。而且浙江省府诸大员大多与茅坤有往还，这种家族文化也传承给了茅维。华溪茅氏子弟以读书起家，又个个喜欢谈兵，喜欢出奇谋，制定出其不意制胜之法。作为缙绅家族、地方豪绅，茅氏子弟结交朝野大员，行事高调，丝毫不避讳。这也是后来家族沦落后被人诟病的地方。明亡后不足 15 年，张履祥就在《近鉴》一书中，鄙薄茅氏一族，他说：

归安茅氏自鹿门以科名起家，兄弟三人：伯服贾，善筹画；季力田，精稼穑；鹿门其仲也。各以多财雄乡邑，广田畴，丰栋宇，多僮仆，其家风也。然治生有法，桑田畜养所出恒有余饶，后人守之，世益其富。

科名亦不绝，四五世间，惟长支子姓渐少，家业浸薄。中支世业虽损，博学能文之士不乏也。少支方伯继起，子姓益繁于前，有光矣。族人仿效起家颇众，虽无显爵名贤，而阡陌衣冠为百里著姓矣。二十年来败亡略尽，昔时堂户阛不邱墟，广陌无非蒭苇，入其故里，惟族之贫者一二存焉。论者谓吴兴世族之亡，各有自取。惟茅氏困于赋役，盗贼之兴，征求之暴，皆非自致，视诸姓最无罪。窃谓占田之广，祖宗必以兼并得之，桑梓穷人不得耕其先畴者众矣。恶得无罪子孙？ [①]

像张履祥这样的腐儒，主张读书人啥也别做，只是种田（即使种田也不能多种）读书做圣人。在国家民族生死存亡之际，既不能在事前筹谋国事，又不能在事中赴汤蹈火，国家败亡之后，这样评价茅氏家族，真是站在了最世俗最势利眼的立场，完全不顾国家民族存亡的大义。难怪清廷后来要让他配祀孔子，以教化俗人。他的这个评论给后世诟病茅氏家族带来了极坏的影响。

事实上，晚明的茅氏家族成员个性飞扬，冲动且充满激情，激进而又恪守道义。正当皇太极统帅军队对北京城发动突袭围攻的时候，55 岁的茅维目睹国事堪忧，决心出山解救国难。这一年的九月初九，他已经到达北京。在从湖州赴京途中，他就起草好了准备给崇祯皇帝看的数万字的《治安疏》，又起草了 3 万字的《足兵足饷疏》。他期待有人能够把自己的这些奏疏呈报给皇帝看，因此通过各种关系结交了朝中大臣，甚至联络到了内阁首辅大臣韩爌。正当此时，皇太极军队绕道攻击北京。大明朝野一片惊恐。为此，茅维又起草了《御虏治标急着疏》，为国家出

---

① 张履祥：《杨园先生全集》，第 1036 页。

谋划策。但茅维并不了解崇祯皇帝的个性。

崇祯皇帝即位的时候，承袭的是父亲和哥哥留给他的一个烂摊子。但是事后复盘，并不是没有拯救的机会，只是崇祯皇帝刚愎自用，听不得直言，决不允许臣僚结党营私，而且性情急躁，猜忌多疑，不善识人用人。朝堂之上定下的策略，总要一年以后方可显现成效，但是他根本等不得，在前线作战的主要将领，如袁崇焕、杨嗣昌、孙传庭、卢象升、洪承畴、熊文灿、陈新甲个个忠君爱国，浴血奋战，但最终不是被他处死，就是在孤立无援的情况下被他逼着仓促上阵战死。朝臣中内阁大臣，他在位的 17 年间更换了 50 人，可算是走马灯似的换人，临死他还个个都不满意。实则是他的个性扭曲、认知浅薄。

在这样的状态下，茅维上疏言事，希望为拯救国家出力，谈何容易。

茅维的上疏没有得到崇祯皇帝的任何批复，但是其中的一些策略，后来多为采纳。而茅维的出现让朝野一些大臣获悉了韩爌等人背后的一支力量。韩爌是崇祯皇帝执政期间 50 多位内阁大臣里唯一一位东林党人。此时，茅维的侄子茅元仪跟着孙承宗也在前线拼杀。当战事消停，皇太极掠夺人力、物力退回关外。崇祯三年（1630 年），皇帝竟然即刻开启问责：凌迟处死袁崇焕，放逐韩爌致仕还乡。毁坏文武两支柱大臣，朝野震动。随后温体仁等入阁，成为内阁大臣，随即展开了对茅维的攻讦。原来茅维迁葬自己的母亲，占用了俞孟儞的坟地。开始俞氏表示同意，但是有人给他撑腰让他诬告的时候，他立刻具名诉讼，进而又有人诬告茅家有命案在身。晚明社会士大夫阶层和普通民众之间隔阂很深，士大夫阶层一旦互相攻讦，则不惜利用普通民众仇恨权贵的心理，置对方于死地。茅家子弟平日行事高调，不免有仇家在背后运筹，这就给茅维带来了牢狱之灾。①茅维离京南下，随后不久被羁押在嘉兴，又转杭州。茅维在狱中写信并托人到处请求乡梓故友相助。但是几乎所有人都表面答应，而谁也不真正站出来帮忙。茅维叫天天不应，呼地地不灵。这也怪不得别人，茅氏子弟向来高调做人做事，一副敢作敢当的样子，这回折腾到天子脚下去了，谁知道你出了什么事故？谁敢去招惹或者援手？那个时代是有连坐的。所以茅维在匡救国家、拯救民族危亡的道路上，被陷害、被诬告，最后被羁押，前后3年，到崇祯五年（1632年）夏天，才被放归埭溪洁溪别墅安居。

回归的茅维已经58岁。他感慨地写诗叙事，并寄给他正行戍福建的侄子茅元仪：

> 百尺山中避暑楼，松风破梦日飕飕。
>
> 长林卷却琉璃簟，卧看东西树影流。②

经历了如此巨大的挫折，他丝毫没有对自己的能力产生怀疑，他甚至说：

> 运甓空斋不自休，破家终复脱身游。
>
> 他年角逐淮沘上，赌墅从容胜一筹。③

诗意是说，在自己运筹之下，家中花费了巨大的款项，自己终于脱离了羁押，算把一桩官司结束，恢复了自由。如若将来指挥千军万马作

---

① 根据赵红娟的研究，陷害茅维的应该是温体仁。赵红娟：《哈佛大学燕京图书馆藏茅维〈茅洁溪集〉及其价值》，《中国文学研究辑刊》（2018.1），第146—156页。
② 诗题为《还山避暑口号八绝答止生侄（其一）》。茅维：《茅洁溪集》卷1，第13页a。
③ 诗题为《还山避暑口号八绝答止生侄（其一）》。茅维：《茅洁溪集》卷1，第14页a。

战，我一定可以从容取胜！我们可以从诗中感受到他的自信、豪迈和毁家纾难后的庆幸。虽然马上就要进入 60 岁，但是他没有消沉，相反，他关怀的是国家的安宁和如何平息辽东贼寇：

> 纶巾羽扇属何曹，说剑由来胆气豪。
>
> 差喜关宁烽火寂，不堪青充战尘鏖。
>
> 营临贼垒防飞炮，箭向城壕骇拾蒿。
>
> 早用天津桥上蟞，妖星宁敌将星高。[①]

诗最后两句引用了典故。唐代书生裴度尚未中科举前，路经天津桥，听桥上二老人在议论：吴元济割据淮西（今河南、河北、安徽的一部分），朝廷不停与之作战，不知道什么时候战争才能平息啊。看到裴度走过之后，二人说，大概需要刚才走过的这个人为将领的时候才可以啊。后来裴度中进士，领军督战，果然平息了叛乱。茅维自比裴度，战斗意志丝毫没有被削弱。他依然急切地期待朝廷任用他，让他施展才华，拯救国家。这种情绪，从他回到埭溪洁溪别墅开始，一直保持到他去世。

在崇祯五年以后的埭溪隐居生活中，茅维开启了强烈的寻找个人着落的文学生涯，他的创作激情迸发。他的诗歌中也有自我反省，他说："还山临流哑然笑，日暮途迂只颠倒。"他所愤恨的是"出不能建竹帛勋"，久处山林，又"处不能甘樵牧老"[②]。他的痛苦之处就在这里。

刚刚回到埭溪的茅维，还不断被官府追诉各种案件：在埭溪购买的

---

① 诗题为《止生侄邀李小酉暑饮栖贤山，时闻东师败绩，书感一律。予步韵得二首，一寄止生，一呈小酉，聊抒发牢落，不足较工拙也（其一）》。茅维：《茅洁溪集》卷 1，第 14 页 b。

② 诗题为《止生侄邀李小酉暑饮栖贤山，时闻东师败绩，书感一律。予步韵得二首，一寄止生，一呈小酉，聊抒发牢落，不足较工拙也（其六）》。茅维：《茅洁溪集》卷 1，第 16 页 b。

田地是否符合规范？有无地契？他的僮仆也受到了追责。①这是让他非常恼火的事情。听说他回到了埭溪，亲朋好友纷纷前来问询，有的还写诗来祝贺。为此他夜不成寐以回复，甚至一夜撰写20余首诗歌以酬寄。窗外月色西斜，他激动不已，在月光之下他走到院子中徘徊。"我自用我法，俗难驱俗尘。"②他毫不后悔自己的进京上疏行为。

在茅维的身上，我们看到了杜甫的忧国忧民的影子，也有陆游晚年报国无门、壮心不已的情怀。这是一种儒士济世救民的文化传统。

这一年的夏天，酷热难当，又久旱不雨。茅维撰诗歌《愍旱诗二十韵》，又撰《愍役诗六十韵》，忧伤百姓之艰苦。在埭溪经营洁溪别墅十余年，茅维进京之前整个家园"花药殆遍，蔬果弥盛"，自己进京上疏又被羁押，蹉跎三年，园丁失职，戕贼光顾，导致整个园林荒芜，几乎难以下足。归来之后，茅维亲自率领僮仆下地锄草修葺。洁溪别墅南北环绕大溪，引南水支流开浚池沟，以便庄园内的灌溉之用，因此家园内不缺水，处处是泉脉。他非常惬意于自己的庄园生活，称：

> 钓得池鲜荐腹腴，园蔬已饱白云厨。
> 睡余柱杖溪头立，闲看眠鸥与浴凫。③

偶尔茅维也会回到华溪旧居去参加一些亲人的吊丧活动。但是他感慨人事烦杂，葬事琐碎，还不如实施裸葬，去除太多的规矩更好。反而是华溪旧居的桐街，让他颇多感怀。其中有9棵自己亲手栽种的桐树，

---

① 诗题为《怪事偶书十二韵》。茅维：《茅洁溪集》卷1，第17页a。
② 诗题为《续吟酬寄诗，一夕得二十余首。遂达旦不寐，起步月庭中，复占十三韵自解慰。时为壬申六月十七夜》。茅维：《茅洁溪集》卷1，第18页b。
③ 诗题为《纳凉池上口号八绝呈社中诸友（其六）》。茅维：《茅洁溪集》卷2，第11页a。

如今已经遮天蔽日。在回归埭溪之后，茅维有了很多的想法，比如他想去天泉山营造一所房子，作为晚年隐居之所，又想建立三茅行宫。但是苦于没有斧资而困顿，在洁溪别墅他又想建离垢园以明志。

茅维远居深山，却交结广泛，上至公卿王侯，下至府县官吏，其中较为显赫的如闵洪学。闵洪学是晟舍（今属湖州织里）人，官至吏部尚书，与温体仁交好，结果不久就被东林党人参劾下台，致仕归乡。如内阁首辅成基命。茅维在北京的时候，京城犯人发动暴动越狱，牵连刑部尚书乔允升。随后有人借机指责茅维。崇祯皇帝不解，于是派太监拿着攻讦茅维的上疏去问成基命，成基命据实陈述，解救了茅维。后来茅维提及此事，非常感激。茅维的朋友圈足有半个朝廷的要员，有的还是乡梓亲旧。这些朋友直言相告，对他规劝有加。有的说："足下读尽千古书，何不能用《老子》一句？"有的说他说话写文章都太直。但是江山易改，本性难移，茅维秉承的是茅家子弟的一贯风格。

从崇祯元年（1628年）茅维的侄子茅元仪将所编纂的《武备志》贡献给朝廷，到跟随孙承宗，解围北京、督理觉华岛、捐款造船，茅元仪展示了非常高涨的爱国热情和报国之志，以及精良的战争素养。但是在晚明政治昏庸的时代，茅元仪遇到了各种政治倾轧，不久就被解职，遣戍福建。茅维、茅元仪叔侄先后被官府羁押追责，遭到迫害，各方恶势力利用各种理由盘剥茅氏家产。茅元仪曾经写道：

> 一诏勒追赔，再诏问其亲，
>
> 三诏问举主，举主无臣名，
>
> 四诏加问讯，纡曲至臣身。

......

臣身已许国，臣身安足论。

田庐既易主，僮仆如兽惊。

臣身为羁累，日日长踉申

......①

茅维早期隐居埭溪的岁月还算安宁，但从进京上疏言国事被黜并被羁押开始，就不断受到府县官吏的追责。"年年割产痴儿泣，日日呼门伍伯来。"②"非忧生产落，都缘债家迫。官逋火撮盐，私责更束湿。生平然诺坚，失势丐贷涩。"③茅氏家族与大明王朝同步，快速地走上了败亡零落之路。

即便陷入如此窘境，茅维也还在展示才华，其济世救民救国的思想毫不松懈。他非常关心国家大事，密切关注政局变化，与京城内阁、六部诸曹官员常有书信来往，有时候是写一首长诗作为书信寄给他们，剖白自己的心愿，表达个人的愿望。崇祯九年（1636 年），得知崇祯皇帝再度下诏求贤于野，他感慨万千，撰写了《丹扆六箴》，计划献给皇帝，引起重视。这是仿效唐代李德裕为唐敬宗上《丹扆六箴》的方法，希望规劝帝王兴利除害，拯救国家。茅维的"六箴"也都是拯救国家危亡的大政方针。如"慎令箴"写"师古勿泥，昉今勿愎"，如"执要箴"写

① 茅元仪：《石民甲戌集》（明崇祯刻本）卷 1，第 4 页 b。

② 诗题为《予山居，日为县符所窘，而止生鼎叔既琬稚攻诸从各急官逋，攒眉无策，口号解嘲，并征属和》。茅维：《茅洁溪集》卷 3，第 14 页 a。

③ 《冬夜不寐，偶效阮步兵一日复一朝吟至八百字。以诗代书，因柬京辈诸游好聊发一笑，时冬仲廿六日》。茅维：《茅洁溪集》卷 4，第 11 页 a。

"勿溢喜怒，偏倚乃怯，勿耳目人，神明乃居"，都说到了要害。[①]但是这样的苦心，未能成功——今日看来，这未尝不是好事。朝中要员谁也不敢帮他把他的《丹宬六箴》献给崇祯皇帝看，即便给崇祯皇帝看了，给茅维带来的是福是祸，也还不知道呢。为此他悲愤交加，撰写《凌霞阁新著总引》说：

> 山民隐居放言，感近事而益激烈，拟献《丹宬六箴》；未已也，而撰《辕下商歌》三卷；犹未已也，而演《凌霞阁内外编》十五剧。噫嘻！心良苦矣，而著述之路亦穷矣。顾天下士大夫，必真读书空千古者，方可读此；必真念切忧时一饭不忘吾君者，方可读此；又必真性植忠义，思与龙逢、比干游地下者，方可读此。[②]

《中庸》有言："是故居上不骄，为下不倍，国有道其言足以兴，国无道其默足以容。"[③]在茅维看来，如果以"国无道其默足以容"来衡量，他自己真是孔学圣门中的罪人，是难逃厄运的。如果以"国有道其言足以兴"来论证，那么他写的所有书——包含《丹宬六箴》《辕下商歌》《凌霞阁内外编》，都是有用的。也就是说，在他看来，崇祯后期的国家社稷，还没有到"国无道"的地步，国家还是有希望的，帝王还是开明的，自己的报国之志、救世苦衷还是可以上达天听、付诸实践的。

崇祯十年（1637年）六月，茅维的死对头、政治仇敌温体仁，因为陷害钱谦益而遭到崇祯皇帝的猜忌，于是不得不致仕归乡。这个好消息

---

① 茅维：《茅洁溪集》卷5，第1页a—第7页b。
② 茅维：《茅洁溪集》卷5，第1页a。
③ 朱熹：《四书章句集注》，第33页。

让茅维再度激越起来。到中秋节的时候，茅维借祭祀家族先人的机会，撰写《盟宗祠文》，决心再度出山北上，为国效劳。

这一年他已经 63 岁。他在文中说：

呼之苍天，果谁仇雠，箭激洞越，水激漂流，物极必反，机在今秋！①

他觉得就在今年秋天，他就可以实现他的未酬壮志。他描述外部环境说：

英主御辟，求贤若渴。群奸蒙之，嘉谟不达，朝渐清夷，士思驾辙。延英一对，葵藿志毕。②

尤其是他在剖白自己时说：

谈词如云，死不背友。仕敢要君，道固在我。身隐焉文，志亟抒吐。非猎缨组，厕宾友间。授文武部，假以事权，谊无不可。终不受禄，乃葆于素。③

他想象着一旦功成就坚忍身退，绝不留恋。他说：

讼累弃产，完赎乃善。略计所需，总不盈万。行者负羁，居者拮据。遵我规算，左券可持。一出小草，五年为期。④

在他的理想中，只要五年就可以完成这些宏愿，而且胜券在握。一

---

① 茅维：《茅洁溪集》卷 5，第 2 页 a。
② 茅维：《茅洁溪集》卷 5，第 2 页 b。
③ 茅维：《茅洁溪集》卷 5，第 2 页 b。
④ 茅维：《茅洁溪集》卷 5，第 2 页 b—第 3 页 a。

且成功，他就可以把历年以来累讼败家的产业再赎买回来。他甚至已经起草好了《公告京邸同心先达书》，就是要出发前先让自己的京师故旧知道自己的心志和愿望。在这份《公告京邸同心先达书》中，他自负地对自己的才能予以叙述：

自少负纵横观变之才，颇许知兵，兼识时务。[①]

他论及自己有三长：不爱官、不要钱、不怕死。荐有三等：真气节、真经济、真文章。

然而这次豪情万丈的宣言，并没有付诸实施。在洁溪别墅他写了无数的信笺、诗歌，寄给远在京师的诸位大臣。他不能亲自远赴京师，又理想化地寄希望于帝王可以以一种意外的方式听到他的意见。春秋时期，贤士宁越想要得到机会进谏齐桓公，就在齐桓公路过的地方放声高歌。齐桓公听到歌声，即刻知道此人不凡，于是宁越得到重用。茅维也期待自己有这样的机会。他把新的诗歌集命名为《辕下商歌》，期待也有齐桓公一样的君主可以出现。

茅维继续在埭溪洁溪别墅隐居。这背后的原因，一是"总不盈万"的费用无从着落，二是在拜访了钱谦益之后，他听取了钱谦益的一些意见。茅维为了实现个人理想，多次拜访东林党后期的领袖、文坛巨匠钱谦益。钱谦益与温体仁同时被黜官，归里闲居。他比茅维小 8 岁，但是在政治处世上要练达持重得多。钱谦益 29 岁中探花之后，终其一生在朝为官不过区区 5 年。但是他学养深厚，懂得进退，善于周旋，多次历

---

① 茅维：《茅洁溪集》卷 5，第 4 页 a。

险,均安然无恙。关于茅钱的会面,后世没有留下具体的谈话记录,但是二人之间的诗歌酬唱却显露端倪。就在茅维会面钱谦益后,钱谦益作《次韵答茅孝若见访五首》,下有小序,称:"孝若扼腕时事,思以布衣召见。"这5首诗,可以说就是钱谦益对茅维规劝的内容。比如这首其一:

> 绡头还恋阙,麈尾且升堂。
>
> 地僻禽鱼贵,春深草木香。
>
> 灰心看蜡烛,矢口问壶觞。
>
> 错莫恩仇事,萧萧与白杨。[①]

这首诗写得很委婉,大量采用典故。大意就是说:平民百姓还在留恋做官,街巷闲谈也可以登大雅之堂啊?还是隐居乡里为好。其三则更加直白:

> 世事看如许,君今已悟不?
>
> 商歌何处达,说梦岂能求。
>
> 善触兼防鹿,知机并畏鸥。
>
> 永怀河渚客,暗默古今优。[②]

钱谦益说得很清晰:我说了这么多,你明白了吗?你的《辕下商歌》如何上达?你的理想志向如同说梦一样,能够追求得到吗?一切事情都要进退自如。永远要记得自己未必知道全部真相,我们都很渺小,缄默少言从古至今都是最好的选择。"河渚客"用了《庄子》中河伯见秋水的典故。河伯汇聚河流,以为"天下之美尽在己",等到他看到了大海,才

---

① 钱谦益:《牧斋初学集》卷16,第23页a。
② 钱谦益:《牧斋初学集》卷16,第23页b—第24页a。

知道自己原来很渺小。钱谦益很直接：别以为自己什么都知道，只有自己了不起，实际上我们都很渺小呢！

被小自己 8 岁的钱谦益教训，茅维大概有所感悟，这回是确实没有进京，由此他重新返回了埭溪洁溪别墅。

茅维究竟有没有济世救国的才华？

历史不容假设，但是可以推演。晚明崇祯后期的政治，已经病入膏肓。救国需要用人才，但除非帝王自己贤明识人，否则天崩地裂，无论哪个人才出山都救不了。从这一点看，茅维的分析判断是准确的，甚至是精确的。在茅维看来，国家大势已经与安期生有关秦始皇末年的预言一样了：崇祯皇帝身边无一人可以倚靠。茅维对于局势的发展提出了自己的主张。他希望匡扶朝廷，实施救荒、弭盗、灭虏、治河、加赋、营屯等策略。

国家危急如此，谁是最大的祸害？他提出："国之大可忧，终在虏而不在盗。"① 也就是说农民起义还不是最大的祸害，最大的祸害是外虏入侵——是大清的铁骑。皇太极数度率军攻略京师一带，大肆抢掠关内人力、牲口，然后回到关外，其志在灭国，取而代之。农民起义不过是为生存而战，随时可以安抚、怀柔、招降。关键是谁来实施这些策略，又怎么样实施这些策略。

茅维是一位伟大的爱国主义者。他内心的激越和冲动既有源自家族血统和个性的成分，也有承继中国数千年爱国主义传统和文化基因的原因。在国破山河在的宏大历史叙事里，我们曾经记得屈原悲歌行吟，宁

---

① 茅维：《茅洁溪集》之《辕下商歌自序》，第 4 页 b。

愿投江而死，也不耻辱投降；记得杜甫"三吏""三别"揭示的残酷现实和爱国悲情；也有陆游"上马击狂胡，下马草军书"的豪迈纵情，以及志不得伸的抑郁和悲愤。

茅维对待政局的态度，始终是积极向上的。他甚至一直处在知不可为而为之的尴尬境地，可即便如此，他写给京师故交友人的信笺也都是勉励他们积极作为、忠于职守、匡扶正义的内容，他没有过消极情绪。

在壮怀激烈、决心许身报国之外的日常生活中，茅维苦心经营自己的庄园。他在洁溪别墅里栽种了各种树木、花卉。他把满腔的热情，投寄在园林树木上，展示了一位诗人的才情和审美。他刻意地栽种了各种观赏树种和花卉，如柳、杏、桃、梅、松、樱桃、李、梨、山茶、玉兰、海棠、竹等。寒食节前后，风雨大作，花纷纷凋落，他因感伤而作诗：

> 开落寻常理自然，盲风怪雨几朝颠。
>
> 人间何物坚牢好，天上无端暴怒偏。
>
> 才向池边披溦洮，忽经篱下败芳妍。
>
> 岂缘开遍无人赏，抛得香魂付断烟。[①]

诗在悼亡落花，同时却又时时映射人事。

茅维种植的花卉尤其以梅花、桂花、牡丹为最，他集中写了题为"三帖"的组诗，分别吟诵梅花、桂花、牡丹花。他的诗中说："西园种梅十年许，选汰略存三十树。"又写：

> 岁岁年年烟水斜，风风雨雨掷韶华。

---

① 茅维：《茅洁溪集》之《洁溪花史》，第 5 页 a。

> 拼教开遍无相问，常是愁中见此花。
>
> 衣惹残香深自惜，窗横瘦影故交加。
>
> 定当移尔瑶阶种，步障油幢斗石家。[1]

在花开花落中，茅维寻寻觅觅，感慨身世，郁郁寡欢。有时候他像后世描述的林黛玉一样，临风落泪，对月伤怀，见落花而悲情。

埭溪山居生活，茅维偶尔也会写下艳情之言。在花丛之中，他跟妻子戏谑道：

> 玉兰抽白，丁香紫露。下绯桃艳，海棠人面。试将花自许：阿环飞燕底相将？[2]

言下之意，这么多好看的花，你自比哪一个啊？应该选哪个啊？随后又写《内人复答前诗》：

> 花自模糊侬自真，还凭九锡宠花神。
>
> 兰汤初浴桃身润，一段生香也腻人。[3]

在夏天的时候，茅维家里的粮食已经吃光。他戏谑地在诗歌中描述在没有粮食的时候，家里该如何解决吃饭问题。他把菜园里、花园里的各种果蔬作为美食，如水葡萄、红菱、竹菇、莲子、瓜、茄子、白苋、豆等。茅维隐居的地方，按照他的说法，是"高敞沃衍，可聚数百家。村落东偏地，拓之俞氏，有乔木干云，清流接畋，尤幽人居也"。按照今

---

① 茅维：《茅洁溪集》之《梅帖》，第6页a。
② 诗题为《问内人庭花数种当折何许》。茅维：《茅洁溪集》之《洁溪花史》，第5页a—第5页b。
③ 茅维：《茅洁溪集》之《洁溪花史》，第5页b。

天考据，大约在茅坞村一带。茅维报国无门，就想援引天下豪杰英雄一起聚集，共同养老。他想的是：

> 思招素侣，结宇成坊，相与谋桑竹，长子孙，守布菽而力官税，谢轮鞅而恬耕凿。[1]

他连这里的街巷名字都想好了，巷子叫德星里，街道叫作琴书街。他想象着"传之百年，宁非盛事"。他想好了，如果有志同道合的朋友来做邻居，每家都可以获取土地，"横十二弓，纵四十弓"。一弓大约是今天的 1.65 米，纵横合算，是 1300 多平方米，接近 2 亩大的地方。他期望与各路英雄豪杰或饱读诗书的人一起比邻而居，共同养老。他甚至想发出招隐帖子，来广纳各路豪杰。他期待中的各路贤士，分为九大类，分别是：天文友，地理友，数学友，医药友，经史友，书画友，骑射友，树艺友，禅玄友。对于各路英雄，他都有所描述。比如他对"树艺友"的描述是：

> 山栖余暇，树艺是资。畚锸视力，灌溉迨时。抚其条流，阅其华滋。乔荫世世，不朽在兹。[2]

拿今天的思维看，这是埭溪最早的招纳贤才广告啊！

茅维的山野隐居生活，是在百无聊赖中努力追求超凡脱俗。比如他撰文募凌霞阁清供，列出他的书房所缺的 20 件古董礼品，请"通人韵士，割雅好之弃"，赠送给他。这 20 件东西是：

---

[1] 诗题为《山栖九友招隐赞》。茅维：《茅洁溪集》之《凌霞阁小品》，第 4 页 a。
[2] 茅维：《茅洁溪集》之《凌霞阁小品》，第 6 页 a。

　　大士像，炼药鼎，旧研，炉子，瓶，邛柱杖，石磬，洞箫，窑杯，刀剑，如意，尘尾，奇峰石，石榻，双鹤，鹦鹉，建州兰，亳州牡丹，江阴菊，洞庭橘。[①]

　　他想象，馈赠给他这些东西，要"赠不伤惠，乞不伤廉"。从戏谑的抒写中，我们可以看出茅维的个人性格和日常生活、喜好、志向。

　　从京师回到埭溪之后的茅维，并不满足于个人的隐居生活。除去纠缠于被追债、被瓜分家产以及被问责，他纵情诗歌、徜徉花海以及与诸朋友交游，抒发愤懑的心情。他描绘了在洁溪别墅当中自己营造的各种景观，组诗题为"洁溪山园十二咏"：

雨涧奔流

穿林一涧泻清湍，急雨惊涛触远滩。

水落沙墟喷丛薄，夜深环佩响珊珊。

烟林横带

朝岚夕霭卷仍舒，缭白萦青画不如。

莫道山家炊烟薄，轻阴一抹是村墟。

夹溪花幕

溪绕陂塘花绕亭，珊瑚红浸紫烟棂。

倒垂锦石吹层浪，绝似余霞散晚汀。

没岭霞城

烟扉笼汉吐残霞，霞气烧林岭半遮。

---

① 茅维：《茅洁溪集》之《凌霞阁小品》，目录。

松影团团盘细路，更于霞外转樵车。

水阁晚凉

画楼夹水卷湘帘，晴谷微风漾彩蟾。

自有幽香绕凉簟，不须荷叶打霖霪。

石桥秋霁

碧琳池跨石梁雄，日落波翻亘宛虹。

晚霁平林秋色远，长廊人影镜奁中。

平台竹浪

篔簹千亩蔽平台，台尾三山扑翠开。

稍稍微风作晴浪，摇空无际拥涛来。

短堞桐阴

欲栖威凤列高梧，雨过桐街洗绿芜。

斜日竹西风乱起，桐花吹落女墙无。

松径联镳

削壁回塘松盖齐，松阴零乱马频嘶。

谁家骑绕花台遍，一道香尘迸作泥。

柳矶垂钓

疏沼如弓石垒渠，几行柳色雨中疏。

欲知兀兀垂纶者，个是渔郎不为鱼。

月衔半岫

西林丛竹蔽高岩，岩势嵯峨月半衔。

坐待清辉截银汉，不知凉露滴轻衫。

雪冻千岩

草短云寒露远松，山山晴雪白芙蓉。

不留一种严冰色，绿嶂丹崖亦太浓。①

　　这大概是传世的最早的描述埭溪风景的组诗，也是对明代埭溪优美山水风情的一种写照。

　　得知茅维移居埭溪后，有很多亲朋好友来洁溪别墅探望他。其中不乏显赫的官员。如曾任吏部尚书的晟舍闵洪学，致仕归乡后静卧三个月，然后来到埭溪。茅维热情地接待了他。②

　　郁闷的日常生活和诗词的表现形式，尚不能排遣茅维胸中的郁闷。明代文人喜好编写杂剧，以故事情节和人物对话来抒发自己的胸怀。到了晚明的时候，剧中人物可以托名假借，但是戏的内容却是在日常生活当中真实发生的事情。茅维也借助了这一形式，把他心中的所有块垒，一吐为快，写进了杂剧里。茅维的杂剧集叫作《凌霞阁内外编》，共15部。这15部杂剧很多没有传世，但是根据郭濬《虹映堂集》的信息，我们基本可以明确其中的内容。郭濬曾为茅维杂剧作小引，说：

　　余请得而评目之。夫屈平有言，文质疏内，众不知余之异彩，然思无定契，结藻爱殊，按节晓声，皎然足品。

　　1.谱宾王，奇情傲诞，风力多道，所谓导漾挺英、浩然清发者欤？

　　2.谱同父，挟声端直，奖气如虹，亦复岸然自抒其境。

　　3.邘桥纳履，则云林樵唱，时杂松风。

---

① 茅维：《十赍堂丙集》卷11，第14页b—第16页b。

② 茅维：《茅洁溪集》卷4，第14页b。

4.秦庭击筑，则凭情出幻，酸韵和梅，即响彻音希，使人尚不能已。

5.朱云折槛，则感时腾义，采协刚中，斯廉肉之允谐，岂矜激乎一致？

6.黄金台，规史定模，托古慰志。

7.卢龙塞，疏而能壮，植体遥清。

8.散盗则词直而才，果方之喻蜀檄，胡其鼎盛乎？

9.广寒宫，情丝缥缈，丽藻参差，正似仙姝出岫，娇鸟啼花，天然色韵。

10.东方朔，诽文隐蔚，余味曲包。

11.寻春梦，则杜鹃叫月，声往会悲，岂曰闲情，祇同长恨。

12.赏桃花，则玉烟蔼气，艳发深华，洵独往之逸兴，亦孤骞之妍唱也。乃若蝉蜕秽浊之中，凤啸青冥之表。

13.谱裴、王，则龙归钵，虽情无波诡，而骨采澜翻。

14.谱苏卿，则鹿衔花，虽野情举举，而幽致不乏。

15.谱仙公，如入琉璃国，三万六千尘到此都呈光怪。[①]

以上内容，就是15部杂剧的内容。其中存世的只有8部。茅维的杂剧也不免于时代印迹：演绎自己的故事和遭遇，抒发个人情怀，同时也反映了明末士大夫的社会文化生活细节。

茅维对于自己写的杂剧非常自信。他完成了15部杂剧后要结集成书，刊刻印刷，他请钱谦益作序。但钱谦益并没有在序中给茅维的杂剧

---

① 赵红娟：《感愤时事 托古慰志：茅维杂剧新资料的发现与内容探究》，《浙江大学学报》（2023.10），第138页。

很高的评价，这让茅维颇不满意。他说："虞山轻我。近舍汤临川，而远引关汉卿、马东篱，是不欲以我代临川也。"①他自信自己的创作可以跟汤显祖一较高下，结果钱谦益并没有这样推许他。当然这并不影响茅维杂剧高超的文学艺术性。

从茅维的杂剧中，还可以考证他在埭溪洁溪别墅隐居时发生的很多事。如《春明祖帐》《云鍪寻盟》两部杂剧，大量的杂剧内容是真实发生过的事情，其中的人物原型，按照赵红娟的考证可以确认：一是剧中人物勾曲外史的原型就是茅维自己；二是剧中人物如张更生、万炜、郭振明、刘曲周都是茅维的朋友。好多茅维的好友与之一起在埭溪洁溪别墅隐居，是真实发生的事件。如张圣标、刘荣嗣、夏登之、嵇湛侯、邵餐之等人，都曾经与他有一起隐居埭溪的盟约。文献记录，章光岳、万载县令韦叔万也非常喜欢埭溪的水色山光。来自全国各地的好友，至少如括苍（台州的代称）黄叔象、长超张稚通、山阴赵佩之等十多人曾经拜访过洁溪别墅。晚明著名的学者、书画家陈继儒甚至响应他的馈赠号召，送给他一个黄玉印章。此外，还有"曹能始贻以沉香枕，董玄宰贻以李邺侯端居室连环玉印"，可见茅维并不孤独，他发出的求馈赠的号召还是得到了很多同行好友的回应的。

茅维在描述自己沉溺于创作的时候，曾抒发自己的感慨，说：

已矣乎！予之沉淫词海、不图为乐之至于斯也。风之怒号，觇其将息；花之烂漫，振其空枝。梦呓争者，觉而唉嚘；笔札役者，辍而神疲。故不如留不尽之菁藻，以还天地；消无涯之磊砢，以杜端倪。孔尼父

---

① 钱谦益：《列朝诗集》，第 5924 页。

六十四而删《诗》《书》，曰"明王不作，吾衰矣夫"；杨子云七十二而拟
《太玄》，曰"有一人知，覆瓿何辞！卮言日出，不如止嘿；雄心一死，
自息狂驰。穷工极艳，无庸畏绮语之堕泥犁；若灭若没，曷审夫国马之
相天机？愚尝沐浴希夷先生之二言矣，曰："得意勿再往，悠游勿久恋。"
旨哉！惩忿窒欲贵在猛，而去夸养恬莫若啬也。宝景光，日崦嵫，思无
邪，自得师，座右铭，止于斯。①

茅维在生命的最后时光，基本都醉心于创作了。在创作中他释放着
自己的郁闷，在书写中体现出生命个体的文化价值。他的著作，今存
《十赉堂》甲集、乙集、丙集总计47卷，又有《北闱蕡言》2卷等。在
岁月消磨中，他经历了大明王朝的灭亡和清朝的兴起。

在埭溪这片美丽的土地上，他悠游而来，潇洒而去。在漫长的历史
文化长河中，这样的爱国诗人、文学巨匠，把自己的行迹留在了埭溪，
他永远值得我们铭记。

第四节　吕留良及风雨庵

风雨庵与吕留良的著述，留给埭溪很多文化印记。风雨庵不仅是吕
留良弥留之际牵挂的世外桃源，也是他生前会见友人、教授弟子、表明
心志的处所。

学统理论的建构和知识范围的限定，是从清代初年开始学人学术发

---

① 茅维：《茅洁溪集》之《续商歌》，第16页a—第16页b。

展的重要主题。新问题的提出和学识的宏阔，会引导学术界走向更加广阔的空间，跳脱开原有学术的话语体系，进入一种新境界。而政治开明和社会繁荣、自由的学术氛围是这一切的基础。清代从康雍到乾嘉之间的 150 余年，中西学术已经分道扬镳，而且差距越来越大。剖析浙西一方地域的学术进展和学人学术走向，可以引导我们探究很多值得深思的问题。吕留良在雍正十年（1732 年）遭遇文字狱迫害之后，成为整个清代学术与政治、文化上被避讳的人物，甚至成为反面典型被揶揄、斥责。因为著述受到禁毁，其学说几乎被封藏或者掩盖。直到晚清民初，出于政治时势的需要，其诗文、遗著才被发掘，引起学界的关注。

吕留良和埭溪妙山再度回到人们的视线之内。

一、吕留良的出身、心志与曲折人生

吕留良字庄生，号东庄，又字用晦，号晚村，曾用名光轮，别号耻斋。去世前三年剪发着僧衣，名耐可，字不昧，号何求老人。浙江崇德（今浙江桐乡西南）人。生于崇祯二年正月，卒于康熙二十二年（1683 年）八月。吕留良家族在地方上颇有势力。吕留良的父亲吕元学，曾经担任繁昌知县，其本生祖父，娶明宗室淮庄王之女南城郡主，为淮府仪宾。吕元学娶福建盐运副使郭鼎之女为妻。吕留良出生的时候，其父亲已去世四个月，吕留良为侧室所生遗腹子。吕留良出生之后即刻披麻戴孝，其生母经常抱孤而泣。后来吕留良由其三兄吕愿良夫妻抚养长大，并被过继给伯父吕元启为嗣。

吕留良少年受到了严格的家庭教育，因此 8 岁开始作文，十三四岁已经参与结社活动，并有选刻时文之举。顺治二年（1645 年），吕留良

17岁，清军渡江南下，攻取南京、嘉兴、杭州，吴易等起兵于太湖。吕留良与其侄吕宣忠（比吕留良年长4岁）一起前往响应。[①]吕宣忠受鲁监国命，联络太湖散兵，啸聚以抗清。旋兵败，吕留良左腿受箭伤，吕宣忠亡命江湖。次年，吕宣忠被逮。吕留良亲送其侄赴刑场，咳血数升。到顺治五年（1648年），吕留良20岁时，才结束乱离生活，回到故里崇德。

从20岁重返故里后，他结交故旧新朋，诗酒唱和。到25岁，易名光轮，参加清廷科举考试，为邑诸生（秀才）。这事后来成为吕留良终生的遗憾。后至康熙五年（1666年），吕留良不参加考试，被革去诸生。这是一个标志性的事件：吕留良早期参加科举，后来悔不当初，宁愿放弃科名，也不愿意与清廷合作。

吕留良考中秀才之后两年，与友人陆雯若受书商之聘，前往苏州评选时文，编成《五科程墨》。而陆雯若在崇德又倡为集社，吕留良为之助，"名流辐辏，玳筵珠履，会者常数千人"[②]。颇有晚明气象。集社与选时文，在晚明清初是互为表里的两种活动。参与集社者，可以有时文入选，从而展示才华，也可以互为声气。只是晚明集社气势颇盛，甚至影响科举取士，到清初已成强弩之末。虽然集社在清初远没有在晚明气焰嚣张，但是只要科举依旧在，时文选评事业便不能止。一般士人读书求进，总要有拾级而上之层梯，时文选本恰好迎合了这种需求。吕留良在

---

① 张符骧为其撰《事状》称，是时吕留良"散万金之家以结客，往来铜炉石镜间"。实际上，吕留良年仅18岁，又兼庶出，应该并不掌握家庭经济权力。即便"散万金之家以结客"，也是其兄之子吕宣忠所为，吕留良应该只是跟随年长于自己的侄子而已。

② 吕留良：《吕留良全集》，第991页。

持续地进行时文选评的过程中，度过了而立之年。大约不久后，就因为与陆雯若产生矛盾，为人雇去做评选时文的事业也就此中止。但是返回家中后不久，他便开启了独立评选时文并刊印销售的工作。

在此期间，吕留良经常往来于苏州、杭州之间，并结识了很多学界名人，当然也有后生之辈从之求学。到崇德县担任教谕的陈祖法，一上任就前来拜访他，后来回忆说：

> 用晦意气相推，结群吴越之士，舣辕而荟御儿之境。①

在杭州，他遇到了黄宗羲的弟弟黄宗炎。吕留良 14 岁的时候就见过黄宗炎、黄宗会兄弟，久别重逢，分外高兴，互相之间有诗文酬唱赠答。顺治十七年（1660 年），吕留良生病期间，在黄宗炎接引之下，浙东名医高斗魁来为吕留良医治，从而吕、高结为至交，吕留良开启了学医生涯。这一年八月，在黄宗炎引荐下，吕留良与黄宗炎、高斗魁、黄宗羲在杭州孤山相遇。这是吕留良第一次见到黄宗羲。吕留良既有家族祖产，又兼以选评时文为职业，几乎过着一种自由创作者式的生活。他在与当时知名学者交流接触之余，也与宗教人士诗歌唱和往还。孤山道士余体崖在余杭写诗以乞募，吕留良依其韵赠之以诗。吕留良广交四方朋友，其中多是家境窘困而又多才的寒士。当然他也与达官贵人交往。谷应泰为浙江学政，来浙江任职次年，吕留良致信他，指出其所著述《明史纪事本末序》中的讹误。他与黄周星交往，黄赠之以诗，并以"奇才"视之。又前往拜访钱谦益。钱谦益是晚明文化领袖，他的降清行为在后世

---

① 吕留良：《吕留良全集》，第 991 页。

颇多非议，当时他时刻准备东山再起，在学界也享有盛名。吕留良拜会钱谦益后，请其为其亡兄愿良的诗集撰诗序，又请钱为自己改字。钱谦益非常敏锐地看出了这个年轻人的志向（吕比钱要小47岁）：

> 崇德吕子吕留良，请更其字于余。余字之曰留侯。①

钱谦益看出了这个年轻人心志远大。"留良"这个名字已经很有意味。汉初张良本是韩国贵族，秦统一后，不欲为人下，后来辅佐刘邦击败项羽，成就伟业，并被封为留侯。吕留良请钱谦益这位前辈为自己改字，钱谦益毫不隐讳地将其字改为"留侯"，这鲜明地体现出吕留良的志向与思想。后来吕留良也没有采纳钱谦益的改字意见，不敢以"留侯"为字。

顺治十八年（1661年），吕留良33岁，其二兄茂良终于难以忍耐他到处交游，认为他"驰骛而渐失先人之志"②。于是逼迫他在家中梅花阁教授吕氏子弟读书，谢绝宾客。吕留良在家中教授自己两个年幼的儿子和几个朋友的孩子一起读书，寂寞地度过了近一年的私塾教学生活。到了第二年冬天，吕留良终于再次与黄周星、黄宗炎、高斗魁等畅游西湖，并酬唱赋诗。这一年，在为陈祖法撰写诗序的时候，吕留良记述了与黄宗羲的一段对话，涉及浙西与浙东学术的差异：

> 昔尝问黄太冲："浙以西，人称多慧，而学者每出南岸，何也？"太冲曰："浙西之材，未十岁许，便能操觚，文与年进，至三十许而止；自是以后，则与年俱退，亦如进，故日就销落。吾地人差朴，然三十后，

---

① 吕留良：《吕留良全集》，第994页。
② 吕留良：《吕留良全集》，第167页。

正读书始耳。"时窃震其言。[1]

这是一段颇有意味的对话。浙东浙西，以钱塘江为界。江以南、以东，为浙东，含绍兴、宁波、温州、台州、处州（今浙江丽水）、衢州、严州（今浙江淳安、建德、桐庐一带）、金华等广大地区。而江以北则只有杭州、嘉兴和湖州[唐宋浙西范围更大，还包括润（今江苏镇江）、常（今江苏常州）、苏（今江苏苏州）、睦（今浙江淳安）等地；但是到明清，基本认同浙西专指杭、嘉、湖三地了]。自宋及元，浙东地区学术文化人才辈出。然而从明代开始，浙西因为是省府所在，占据更多的政府文教资源，又兼人物风流，所以总体的学术文化已经在赶超浙东。但是出类拔萃的学术大家，依旧是浙东人物。所以吕留良有此问。黄宗羲的回答，则是分析浙东浙西在教育子弟以及子弟求学上进方面有所不同。浙西子弟不到10岁就开始练习写八股文，文章功力逐步积累，到30岁的时候已经开始走下坡路，以后就越来越差了。但是浙东的学者不一样，可能少年时没有那么颖悟早慧，但是到30岁的时候，正是努力读书求学上进的时候。黄宗羲的这段话让吕留良大受震动。

黄宗羲的言外之意，是浙东子弟不一定去参加科举考试，而30岁正是人生有所阅历识见的时候，所以年愈长而学益进；浙西难以出学术大家，是因为读书人群趋于科举考试，所以从不到10岁就开始模拟，到30岁的时候已经锐气全消，越来越弱。吕留良正是8岁就开始会作文，而此时已年逾30岁。吕留良有诚恳求教之意，黄宗羲则颇有影射嫌疑。二人对于交往的态度似有差异，这也是后来二人交情断绝的一个原因。

---

[1]　吕留良：《吕留良全集》，第 995 页。

康熙二年（1663 年），吕留良说服掌家的二兄茂良，聘请黄宗羲来吕家梅花阁处馆。而吕留良也恢复了与诸好友频繁交往、诗歌酬唱的生活，且交往的文人更多。黄宗羲来处馆时，带着自己的两个儿子。吕留良对于黄氏兄弟、父子颇多爱戴情怀。这既是一种敬重学问、人品以及饱学之士的情怀，也是吕留良的个性展示。比如，当张煌言被杀的消息传来，吕留良深切地痛悼张煌言，出钱出力，葬之于杭州南屏山石壁下。

而立之后的吕留良越来越明白自身的人生理想和学术追求。他撰写了《耦耕诗》10 首，抒发自己的情怀。其第二首颇为后世称道：

> 谁教失脚下渔矶，心迹年年处处违。
>
> 雅集图中衣帽改，党人碑里姓名非。
>
> 苟全始信谈何易，饿死今知事最微。
>
> 醒便行吟埋亦可，无惭尺布裹头归。[1]

这首诗深刻地反映了吕留良此时的心迹情怀。清军入关之后，晚明士子始以各种形式奋起反抗，继而是以不合作的态度趋避科举考试，以示与新朝决裂，愿以遗民终其一生，以示气节。当然，并非全部士人都能够做到这些。绝大多数人始则仓皇逃避战事，清廷开科考试后，继而忸怩作态，追求富贵荣华。最终则趋而入其彀中，以功名利禄为旨归。真正因改朝换代而隐世的隐士，时或可见，但是并不普遍。传世文献看似很多，实则从总体上看还是极其少数。所以清军南下江南之初吕留良积极参与抗清，其箭伤也是因此而产生。而随后在兄长及家族逼迫之下

---

[1] 吕留良：《吕留良全集》，第 443 页。

参与科举，与抗清的行为大相径庭，所以在参与科举中秀才之后的十余年里悔恨交加。

康熙五年吕留良 38 岁，这是对吕留良来说非常重要的一个年份。这年二月，因为张履祥不接受邀请，黄宗羲继而再度来到崇德吕留良家梅花阁处馆，教授吕氏子弟读书。不久，浙江学使来崇德课考士子。吕留良放弃诸生的计划蓄谋已久，于是先期与地方考官陈祖法讲明自己的志向。陈祖法闻言，开始惊愕得说不出话来，继而听其细说事理曲折，乃起身为之作揖并赞叹。随后吕留良如愿地被除去诸生资格。但是其家中闻讯，则颇有些慌乱，僮仆、婢女都惊惶地面对他，显然其兄长吕茂良的权威也难以压服他。卸去了诸生资格，好似多年来压在吕留良头上的一块石头被卸下，他立刻倍感轻松。他要做隐士，而且是孔子笔下长沮、桀溺这样的隐士。吕留良撰《耦耕诗》10 首明志。从《论语·微子》可以追索吕留良的心态心迹。孔子生活的时代，礼崩乐坏，群雄逐鹿，诸侯之间战争已成常态，率兽食人，杀人盈城，纷乱不止。孔子不畏其难，周游列国，大声疾呼克己复礼。但是最终道不能行。于是在迷茫之际，遇到了两个合作耕作的隐士长沮、桀溺。孔子让弟子子路去问路。这个故事颇有象征意义。一群饱读诗书、以拯救天下为己任的师徒，走在一个地方却迷失了方向，需要向两位避世隐士问路。在子路与隐士的对话中，隐士发出自己的感慨："滔滔者天下皆是也。"[1]天下都是如此，你们还努力什么呢？

这情形，与吕留良所处的生活时代及场景，何其相似！清朝攻伐略

---

[1] 刘宝楠：《论语正义》，第 720 页。

地统一全国已经20余年，南明抗清势力逐步被剿灭殆尽，南明鲁王病死，张煌言被捕就义，郑成功攻取台湾而无心进取，整个中国已经完全在清廷统治之下。吕留良抗清事业遥遥无期，神州陆沉，江山易色，已经对世事绝望，所以才会发出"休持妄想与天争"①的感慨。如果说十几岁的吕留良与侄子参与抗清武装起义，是一种孔子带着弟子四处奔波要济世救民式的努力，那么现在，吕留良要仿效长沮、桀溺"耦而耕"了。"耦而耕"是至少要两个人的。吕留良主动辞去诸生资格，却并没有得到朋友的响应。这让他多少有点失望和惆怅。

这年夏天，吕留良与黄宗羲产生了矛盾。对于其间的细节，今人根据文献所载已经有过很多考证文章，但是并未完全找出其中玄机。矛盾之起源，在黄宗羲与吕留良合作买山阴祁氏澹生堂藏书。买来之后二人就如何分配产生了分歧。文人爱书，视之如命。因为购书的钱是吕留良出的，出面买书的人是黄宗羲。最后拿到书最多的是吕留良。黄宗羲率先不满，撰文丑诋吕留良。吕留良也写了《与黄太冲书》，公之于众。二人决裂。于高斗魁去世后，作为共同的朋友，二人参加其葬礼。黄宗羲撰写了高斗魁的墓志铭，遭到了吕留良的非议，认为黄宗羲所撰写的朋友的墓志铭不合适。二人矛盾进一步激化。事实上，黄、吕从交往到交恶，更多是性格冲突。黄宗羲年长吕留良19岁，近乎长辈。在清军展开激烈的军事行动之后，二人都渐趋平静。

统一后的清朝立刻开科取士，并用"山林隐逸""博学鸿辞"等笼络忸怩作态的士人，取得了极为显著的效果。黄宗羲、吕留良都已经意识

① 吕留良：《吕留良全集》，第443页。

到，需要在改朝换代后的和平时期找到自己的位置。黄宗羲给出的答案是要做箕子，为新朝贡献自己的力量。他撰写了一部《明夷待访录》。在这部书的"题词"中，黄宗羲写道："吾虽老矣，如箕子之见访，庶几焉。"[①] 意思是我虽然老了，但是如果明君如同周武王访问箕子一样，我还是可以把我的治国良策贡献出来的。箕子是商纣王的叔叔，商周易代之后隐而不出。周武王访问之，请教治国之道。箕子告之以洪范九畴（记载于《尚书·洪范》篇内）。显然，黄宗羲希冀以有限的入世身份继续参与新王朝建设。后来他送其子赴北京，应清廷之诏，参加编修《明史》，表达了其内心的入世决策。

然而吕留良则不同。首先吕留良精明强干，头脑灵活，人极为善于治生，经济来源广泛。他不屑于诸生这个资格，更不屑于诸生每年那点廪禄。尤其是批点时文，为吕留良带来了不菲的经济收入，让他的人生选择更加广阔。既然如圣人孔子般四处游说、竭尽全力都难以挽回"道不行，乘桴浮于海"的结局，那么他选择与新王朝割裂，做彻底的隐士——如同长沮、桀溺。只是单独地隐居太多寂寞，他希望"耦耕"，也就是有志同道合者陪伴一起隐居。黄宗羲前半世也曾壮怀激烈，甚至驱驰疆场，但是书生本色和个性，使他安身立命的根本在于钻研学术以及处馆——教书和著述才是他的专长。学会文武艺，授予帝王家，个人价值的实现，总要有个施展的地方——所以他冷眼旁观吕留良放弃诸生，大概也是颇不以为然的。

吕留良有极强的组织和管理能力。其子记载，在大型集会饮宴活动

---

① 黄宗羲，王珏、褚宏霞：《明夷待访录》，第 22 页。

中，他能够有条不紊地管理到不丢失任何一件餐饮用具。为家中筹划生计，也井井有条，丝毫不爽。后来雍正帝搜检翻阅他的日记后发现，他为家庭生计甚至管理到厕所粪便的使用。这实在是帝王不知农家之艰辛，尤其江南农家，农田肥料稀缺，自然家家户户都视粪壤若珍宝。

吕留良在与黄宗羲交恶后，生计和用心用力之处，应该在时文选评上。康熙十一年（1672年），为了避开修地方志，他久驻杭州，不回语溪（崇德的一处地名）住所。吕留良一边评点时文付诸刊印，一边在张履祥建议下，刊刻《二程遗书》《朱子遗书》《朱子语类》等。青年才俊陆陇其过访，对于吕留良服膺之至。陆陇其撰《四书讲义续编》，其中多处都采录了吕留良的观点。吕留良为了搜访到明代的时文选本，并了解时文图书的销售市场情况，专程赶到南京。当时南京是江南地区最大的图书交易集散中心，占据了非常大的市场份额。吕留良多年的时文选评已经使他名声在外。在南京，他结识了徐州来、徐子贯、黄虞稷、周在浚、张芳、王概、王潢、胡征、胡曰从、倪灿、李子固、徐与乔、丁继之、左仲枚等人，互相诗酒唱和。吕留良扩大了交游范围，也获得了更多时文销售市场的信息。

康熙十七年夏天，浙江列出了博学鸿儒科举荐人名单，在寥寥数人中吕留良名列其中。吕留良闻言，即刻发誓要以死抗争，绝不出仕。其子弟们非常惶恐，四处活动，吕留良才得以免罪。

到康熙二十年（1681年），嘉兴知府有意要举荐吕留良以山林隐逸之名，参与博学鸿儒科举荐。吕留良自知不免，需要有决绝的行为，于是在枕上剪发，穿起僧人的袈裟服饰，名耐可，字不昧，号何求老人，想以此来对抗政府对他的出仕要求。黄周星则为他绘制了僧装像。

他曾经给德清徐倬写信，诉及自己剃发明志的苦心。他说：

有人行于途，卖饧者随其后唱曰："破帽换糖。"其人急除匿，已而唱曰："破网子换糖。"复匿之。又唱曰："乱头发换糖。"乃皇遽无措。回顾其人曰："何太相逼甚。"弟之剃顶，亦正怕换糖者相逼耳。[1]

剃发之后，吕留良依旧不得安宁，于是出游湖州埭溪。康熙十七年，吕留良50岁。他来到埭溪，购买了青山潭石壁一带的一块地：

筑室于吴兴埭溪之妙山，颜曰"风雨庵"，峭壁寒潭，长溪修竹。有泉一泓，构亭其上，题以"二妙"，幅巾挂杖，逍遥其间。惟四方问学之士，晨夕从游，有濂溪吟风弄月之意。[2]

康熙二十二年年初，吕留良撰《祈死诗》6首，表达了自己一事无成的人生遗憾。初春时节，杭州西湖畔，他前往南屏山张煌言墓地凭吊。他的诗歌中带着一种悲凉的意蕴。在这一年的四月到五月间，吕留良居住在埭溪妙山。吕留良为了治疗自己的疾病，不断服用有毒性的中药。妙山山深僻静，白日尚冷，老虎经常出没，生活环境极为恶劣。但是吕留良笃志隐逸，长居不出。直到六月，其病情加剧，才返回南阳村（属崇德）。至八月十一日，作绝笔而卒。

二、风雨庵背景下的吕留良心境

清初士人有严重的遗民心理。吕留良正是在夷夏大防心理和深刻

---

[1]　俞国林：《吕留良诗笺释》，第887页。

[2]　俞国林：《吕留良诗笺释》，第887页。

抵触新朝的遗民心态下，决心隐居的。早在康熙六年（1667年），吕留良就曾为了寻求隐居之所，前往武康山中，写下了《舟次看武康山溪》一诗：

> 霸先国破孟郊死，寂寞篷船到武康。
>
> 峰黛未消千载绿，柳丝犹带六朝黄。
>
> 英雄不出溪山静，风雅无归草树荒。
>
> 叫起古人杯酒在，夕阳岭畔话兴亡。①

湖州紧邻嘉兴，湖州人对于吕留良并不陌生。对于湖州的历史和英雄，吕留良也非常熟悉。对于此诗，俞国林诠释称：

> 晚村之武康，实焉寻求隐居处。所见山水，虽峰黛仍绿，柳丝犹黄，然而英雄不再，风雅无存，此地之山，似不足以买者。②

康熙七年（1668年），他就曾在湖州留下自己的诗歌《过湖州有感二首》：

> 其一
>
> 碧浪湖边秋眼明，十年尘梦绕江城。
>
> 诗情退去随衰老，山色重看转后生。
>
> 月到芦花分界限，水经石脚露音声。
>
> 钓徒不管风波险，分付蒲帆自在行。

---

① 俞国林：《吕留良诗笺释》，第551页。

② 俞国林：《吕留良诗笺释》，第551页。

其二

> 橹背轻摇雪水平，船梢忽转弁山横。
>
> 太湖阴起一城黑，天目泉来百里清。
>
> 日出烟消尘世事，斜风细雨故人情。
>
> 白头一望真愁绝，何处浮家托此生。[1]

对于湖州的历史文化渊源、典故，吕留良非常熟悉。这是一片世代传承隐逸文化的圣土，经历改朝换代和人事波折之后，他心所向往的地方。因此他寻访隐居之所，反复入山探求。

时文选评在今天看来称不上精湛的学术。自宋代尤其是明代科举规范越来越明确后，科举考试对全社会的影响力和辐射程度越来越强。所以支撑吕留良生计的时文，在今天看来，最多也就跟高考复习资料差不多。评论吕留良学术，不能不从其时文选评说起。

马克斯·韦伯曾评论中国古代科举制度，说："科举制度全面推行，成为世袭君主的一种手腕，用来阻止一个孤立他的等级的形成，否则这个等级会按照藩臣和内阁的做法垄断所有的官俸。"[2]当代对于科举制度，总算从过去全面否定到部分地从西方学习中国科举制度，建立西方文官制度的过程中得到一丝安慰，为客观评价科举留出一些空间。科举的是非曲直，其核心在是否能够公平公正地选贤任能，拔擢俊良。而这个核心的中枢要害，是科举试题与答卷的评价体系。

吕留良所处的时代，少年读书识字后不久，便会接触八股文，如何

---

① 俞国林:《吕留良诗笺释》，第 792 页。

② 马克斯·韦伯:《儒教与道教》，第 168 页。

写好八股文是生平遇到的一桩大事。如何教青年人写好八股文更是一门显学和大学问。大量的八股文范文、选本开始出现在市场，良莠不齐。书坊为了赚钱，不断寻找学者来编选新的时文选本，以供士子应考准备的市场所需。吕留良27岁就与友人陆雯若在苏州为书商评选时文，编成《五科程墨》一书。在《五科程墨》序中，吕留良系统地梳理了科举考试的程式问题和其他的问题：

> 顾文运之变，每视文理之胜为盛衰。理胜于文则极治，平则盛，文胜则衰。纯乎文则乱。自治而盛也文运长，自衰而乱也文运促。成弘以上，制科之文，理胜之文也；嘉隆之间，文与理平之文也。万历以至启祯，则文胜与纯乎文之文也。①

吕留良所点评的，是科举考试的八股文的风格之变。自宋代王安石有意识地改革科举考试的试题，要求考生通过对经学原文的理解来答题作文之后，考试程式渐次变迁。到明代成化时期（1465—1487年），八股文的范式基本成形。早期的八股文科举，产生了不少文采飞扬、别出心裁的文章。但是时间一久，便会出现模仿之作，士子为了应考，甚至在考试前就把有固定格式的近乎"套路"的文章背得滚瓜烂熟，然后在考场上应对。这样设立八股文科举的初衷被破坏。这种文风的变化，在吕留良看来，体现了"文理"之争的关系。因为八股文是要发挥四书五经的内涵的，因而阐明圣人的道理是撰写文章的核心，但是因为设置了"八股文"的程式，又必然展示文采，用绚烂的辞章来追求对偶、声气，所以文与理

---

① 吕留良：《吕留良全集》，第169页。

在八股文里既是一对矛盾，又是必然相互统一的整体。

韦伯说："追官逐禄者的竞争排除了联合为封建性质贵族的任何可能性；任何人，只要能证明自己是受过教育的合格者，都能济身俸禄补缺等级。"[1]这才是科举的魅力所在。八股文如何阐发六经要义？吕留良醉心朱熹义理。朱熹时代，因为有宋金、宋元的民族矛盾，所以朱熹发挥孔子的夷夏之防的精神，坚定地捍卫孔孟思想。吕留良在这一点上尤其用心用力。因此吕留良在时文选评上，非常重视或者特别地突出夷夏之防。粗读其书，觉得他发挥的不过是孔孟精神，但是深刻分析理解，便会觉出他的思维导向。在吕留良去世40年后所发生的曾静反清案，就是接受他评选制艺时文，传播民族思想，乃至影响扩大所造成的后果。他的这种作为直接造成了此后曾静一案的剖棺戮尸、家破人亡、著作毁版的悲剧性后果。钱穆于此有一段精辟的论述，说：

> 晚村身为亡国遗民，于此虽耿耿，若骨之鲠之在喉，不吐不快，而终有所顾忌不敢一吐以为快者。故于论"微管仲"一节，独表其意曰"春秋大义，尤有大于君臣之伦"者。此即夷夏也。而晚村又继之曰"原是重节义，不是重功名"。盖夷夏之防，定于节义，而摇于功名。人惟功名之是见，则夷夏之防终瘅。人惟节义之是守，而夷夏之防可立。[2]

吕留良与湖州的两位朋友交往甚好，一是德清人徐倬，一是湘潭人黄周星。徐倬比吕留良大4岁，是一位明达好客、知性而又谦和的学者。吕留良多次去拜访他，并与他一起游览蠹山，把酒言欢。而黄周星比吕

---

[1] 马克斯·韦伯：《儒教与道教》，第171页。

[2] 钱穆：《中国近三百年学术史》，第84页。

留良大 18 岁，是晚明进士，曾经做过户部主事，明亡时隐居湖州南浔。此二人后来的结局迥然相反。徐倬后来考中进士，为翰林院编修，侍读学士。而黄周星在康熙十九年（1680 年），他年满 70 岁的时候——也就是明亡 37 年后，放言："吾苟活三十七年矣，老寡妇岂堪再嫁乎？"然后自杀而死，成为大明王朝最后的殉国者。

这两位湖州人的人生阅历和选择，对吕留良不能没有触动。

埭溪境内崇山峻岭间，南北一水连通杭州、湖州。明亡之后，有很多人隐居埭溪，比如夏古丹、张午祁。又有埭溪人胡山眉与吕留良交好，而且吕留良与夏古丹交情也很深厚，夏古丹去世后，吕留良第一次到访埭溪。胡山眉是埭溪豪绅，胡氏家族也是非常讲义气的地方家族。胡山眉的先世就曾经因安葬客居埭溪的豪杰娄华阳、方洛如而享誉地方。胡山眉安葬夏古丹后，娄华阳、方洛如、夏古丹的墓并称"三友墓"。胡山眉告诫子孙要岁时祭"三友墓"，传为佳话。康熙十六年（1677 年）吕留良为吊祭夏古丹而至埭溪，与胡山眉见面后，一见如故，写诗赠之，称：

> 昔友称君不厌频，喜君果不负斯人。
>
> 墓田马鬣穷交冢，寒食鸡豚衬祭宾。
>
> 一事必传成独行，三生重话转伤神。
>
> 秋风野笛苕溪路，石语荒林万古新。[①]

吕留良与夏古丹、张午祁熟识交好继而结识胡山眉，对埭溪自然倍

[①] 诗题为《胡山眉瘗天木于家山同午祁过访感赠》。俞国林：《吕留良诗笺释》，第 853 页。

增好感。之后还去埭溪吊祭夏古丹。或许有这些朋友在埭溪的原因，吕留良于康熙十七年再次来到埭溪的时候，购买了青山潭石壁建立风雨庵，以做隐居之所。

隐居埭溪时期，是吕留良最激烈地抵抗清朝要求他出山的时期。在埭溪，他写了《山中绝句》6首：

其一

山深白日冷，饥虎昼驮人。

拄杖云边出，罨僧老有神。

其二

长篙打竹牌，带月弄溪回。

夜雨滩声恶，谁能逆水来。

其三

为僧谭吃辈，蔬笋信比邻。

偶过山罨里，偏逢送酒人。

其四

朝朝潭上坐，客至嗔不知。

去亦不相送，怕惊野鸭儿。

其五

山作庄严相，石成迂怪风。

几时春暗度，流落小桃红。

其六

借坐茶亭下，沙弥拜白椎。

赖我不曾会，会即汝为师。①

根据文献记录，清初埭溪一带山深林密，人烟稀少，老虎白天经常会出来吃人。在埭溪山间隐居的吕留良，闲散读书，迎来送往，一住就是数月。张午祁、胡山眉有时候与之相偕游览。天下有志之士，多来此求学。比如黄州（今湖北黄冈）涂穉陆、金陵（今江苏南京）徐子贯等。

在妙山的时候，他送给慕名而来的陈鏦的诗歌说：

子出孤云外，吾还落照边。

山庵相对处，虚榻一凄然。

语次神惊虎，经声熟乱鹃。

他年情境异，犹忆在寒泉。

衰病心逾切，诸君事若何。

乌头无我力，钩吻误人多。

真爱青山好，频须赤脚过。

桃花笑渔子，惯唱转船歌。②

吕留良患有背疮疾病，同时还经常咳嗽。为了镇痛，晚年他经常服用乌头和钩吻这两味有毒的中草药。在他的意志和精神领域，不愿意出仕，是一种高洁的行为。

吕留良在埭溪妙山的最后岁月，曾经写诗自述：

到此庵中，屏绝礼数。

---

① 俞国林：《吕留良诗笺释》，第 886 页。

② 诗题《妙山送陈生踪归兼示诸子》。俞国林：《吕留良诗笺释》，第 984 页。

病不见客，隘不留卧。

经过游观，自来自去。

送迎应对，一概求恕。

久坐闲谈，尔我两误。

可惜工夫，各有本务。

知者无言，怒亦不顾。

问我何为，木雕泥塑。[①]

这是他的自况，同时也是自己对于来访客人的祈求。后人评他在埭溪隐居行迹说："悲天悯人之意，与逃名畏祸之心，两者交迫于怀，自此亦病甚矣。"在埭溪妙山隐居期间的吕留良确实已经病入膏肓。康熙二十二年四月，他在妙山隐居期间依然不忘编订书籍，尤其发力于补辑朱熹《近思录》及近 300 年来科举文章评点。他生怕完成不好这两部著作，会辜负平生的志向。他曾经在《祈死诗》中说自己："作贼作僧何者是？卖药卖文汝乎安！"这是一种灵魂拷问式的自我求索。言外之意，出仕类同作贼，隐居又不得不剃发为僧。做医生为人看病，终世在编订文章刊印销售（吕留良家庭的最大收入，应该就是时文选评在各地销售所获），内心就安定吗？

显然，回答是否定的，这是吕留良对自我的否定，也是对自己生命的决绝。苟活乱世，最后的时刻，他还是在手批目览，矻矻不休。这一年的六月，才让子弟扶携他离开埭溪回到南阳村故里，未及次年二月，溘然而终。

在埭溪，吕留良留下了最后岁月里的惆怅和遗憾。风雨庵是他留给

---

① 俞国林：《吕留良诗笺释》，第 984 页。

埭溪的一座建筑，也是他的生命志向的某种象征。在明清易代、天崩地裂时期，一位豪气干云的志士英雄，为埭溪留下了辉煌的一笔。风雨庵为吕留良的秉志和行藏意志，做了最凄美的背景。

第五节　夏古丹的埭溪诗歌、交游与心境

吕留良在购买埭溪妙山建风雨庵之前，就多次与在埭溪隐居的士人会面。夏古丹就是其中之一。夏古丹原名胡涵，字天木，本是越中贵族，生长在燕山，后迁徙到南京定居。大约是他参与了反清的武装，抵抗战争失败后，他被迫再度流亡，不断隐藏。从顺治三年（1646年）到顺治四年（1647年），他再度南迁，隐居埭溪，改名夏古丹。"古丹"由姓氏"胡"字而来，取夏为姓，是因为胡与夏正好是对立的，他以此表明自己的抗清意志。他以豪杰自居，"遨游溟渤"，他的诗歌芊绵婉丽，跟他为人豪迈颇不相同。

夏古丹传世知名的诗歌，是题为"如吟柳絮"的组诗。他写落花，其情清冷，其状可怜。而他的心志却不在小。比如《答客》诗，最可以表明其心态心迹：

> 问予老矣待如何？好语相酬不羡多。
>
> 眠到放心无俗梦，醉来斗胆是狂歌。
>
> 神龙自善藏头角，骏马终能避憾轲。

莫笑迂疎慵结束，死生原不碍中和。①

诗歌在自述与朋友的对话。朋友问他，未来老了将如何自处？自言不必多说，安静地睡眠，不会与俗人一样去做非分之想，喝醉了酒也不过就是狂歌而已。神龙都会藏起自己的头角，不至于泄露，骏马奔驰也是会避开灾难的。别笑我迂腐老朽，我是无论如何都不会改变中庸之道的。

晚明的很多士大夫子弟，积极参加反清战争。经历了激烈的战场厮杀，后来反清难以成功，战事平息，得胜者成为统治者，战败者则隐姓埋名。原来的士大夫子弟们失去了家园，也不敢回归故里，自然逃匿山林，不愿意再现江湖。夏古丹有诗《春叹》就描述了当时的情况：

燕子归来门巷差，于今王谢已无家。

东城甲第空流水，南国衣冠半落花。②

从诗意可以揣测，夏古丹很有可能属于这样一种人物。他生前就已经结识吕留良，与吕留良的关系非同寻常，并且与吕留良的侄子吕宣忠关系密切。好多存世的文献显示，夏古丹曾经多次到吕家客居。比如夏古丹诗《冬日吕园即事》就证明了这一点：

万竹城西可辟尘，板桥流水自通津。

闲居浊世佳公子，寄语前朝老逸民。

养鹤莫教伤羽翼，无鱼聊且卷丝纶。

天寒腊月闲亭子，风雨梅花一幅巾。③

---

① 陆心源：《吴兴诗存》4集卷19，第8页a。
② 陆心源：《吴兴诗存》4集卷19，第13页a。
③ 陆心源：《吴兴诗存》4集卷19，第16页b。

又如《吕园》：

> 三径余荒僻，方园傍古城。
>
> 花间亲细务，竹杪动秋声。
>
> 耳目无尘杂，琴尊慰洁清。
>
> 高情堪位置，泉石费经营。①

夏古丹来往于埭溪镇与南阳村之间，与吕氏家族亲近，所以对吕氏子弟多有描述。在夏古丹的笔下，吕氏子弟悠闲生活和傲世独立的形象跃然纸上。夏古丹的《除夕》诗，透露了他来往于埭溪镇吕氏庄园的信息：

> 岁岁逢除夜，乡关各不同。
>
> 去年语水畔，今夕雪溪东。
>
> 松火风声里，梅花灯影中。
>
> 乌程无限酒，尽醉与山翁。②

大约夏古丹到埭溪隐居后，吕留良的侄子吕宣忠曾经到埭溪与夏古丹一起客居。夏古丹《吕仲音山居夜雨思归戏赠》透露了有关信息：

> 门馆沉沉闭，无人问远行。
>
> 林深容易暮，寒到寂寥年。
>
> 反侧怀家室，荒疏怨友生。
>
> 高眠知不稳，愁对一灯檠。③

---

① 陆心源：《吴兴诗存》4集卷19，第7页b。
② 陆心源：《吴兴诗存》4集卷19，第8页a。
③ 陆心源：《吴兴诗存》4集卷19，第8页a。

夏古丹描绘的是吕宣忠在山中隐居期间，辗转反侧怀念家中的妻儿老小，有返家的念头的情形。

在埭溪隐居的时间里，夏古丹留下了很多描写埭溪山水风情的诗歌，丰富了埭溪镇地域文化的文学性。比如他有一年曾经在茅坞村过年，感慨有加，写了一首《茅坞度岁》：

> 竹户溪声向夜增，茅堂烟影散层层。
>
> 寸心白雪谁酬我，此夜清灯独对僧。
>
> 草榻尚悬千里梦，山厨谁汲五更冰。
>
> 严寒未尽春先到，冻笔吟成写未曾。①

茅坞古村落溪水自山上而来，茅氏家族定居于此有年。其中不乏茅坤这样的士大夫，虽然茅坤是迁徙后才发迹的。夏古丹一句"草榻尚悬千里梦"，透露了他志在千里。

他又写过一首《雪浪崖》。诗前自注称，"在吴兴埭山四溪口，山路止容一人"：

> 仄径悬如线，崎岖见不平。
>
> 雪高千尺浪，水落四溪声。
>
> 利涉深惶恐，临崖别死生。
>
> 安危争一步，出处慎分明。②

诗歌描绘的是埭溪雪浪崖的险要和崎岖。《啸天峰》诗也有自注，称"在四溪口崇胜寺旁"：

---

① 陆心源：《吴兴诗存》4 集卷 19，第 21 页 a。

② 陆心源：《吴兴诗存》4 集卷 19，第 9 页 b。

蓬壶收不尽，零落在湖州。

绝壁孤松下，苍烟万竹头。

啸歌惊帝座，指画见中流。

天地横槎外，苍茫日夜浮。①

可见埭溪古代四溪口的啸天峰和雪浪崖以及崇胜寺等，都是颇为知名的景观。夏古丹《上强偶兴》：

一道清流万竹根，沙明烟白浪无痕。

乘槎差喜樵风劲，曝背都望天子尊。

偶得佳山成主客，不劳浊酒自温存。

朝朝坐踞南峰顶，看到斜阳第几村。②

诗人在诗中表现出一副悠然自得、豪情万丈的样子，非常惬意。吕留良的学生严鸿逵曾经描述夏古丹的性格，说他喜欢游览山色风景，即使遇到大雪也一定要登上绝顶。而且他又不畏惧虎狼，有时甚至会在山顶过夜。③

夏古丹又有《最堪游》诗，前有小序，称"在上强寺傍，石壁连亘，白乐天有诗"：

列壁如奔马，投溪似渴泉。

草荒三月寺，山照一溪天。

游处我曾遍，吟诗让尔先。

① 陆心源：《吴兴诗存》4集卷19，第8页a。
② 陆心源：《吴兴诗存》4集卷19，第16页a。
③ 俞国林：《吕留良诗笺释》，第856页。

　　风流白太傅，所恨不同年。①

　　白居易写下诗句"最堪游处未曾游"，颇显得遗憾。而夏古丹与上千年前的古诗人对话，"游处我曾遍，吟诗让尔先"，一种豪情展露无遗。

　　在夏古丹的诗歌里，更多地体现的是他的悲情意识和对改朝易代的感慨。比如他写《春日入埭山作》：

　　　　莫干山气剑铓头，野木悲风动客愁。
　　　　狼藉牛羊春社寺，破残烽火夕阳楼。
　　　　人荒燕客秋无税，花落虫沙水自流。
　　　　风气只今还若此，不堪重唱小梁州。②

　　夏古丹的诗歌充斥着这种时代的痕迹，诗中尤其有一种不服气的潜意识存在，而读后又感觉他也很无奈。在埭溪的岁月里，他时刻惦记着曾经的历史和逝去的年华。而在那些历史和年华里的，才是他的精神寄托和渴望。

　　在埭溪隐居的岁月，夏古丹有不少朋友。比如另外一位隐居埭溪的隐士张弨。张弨字力臣，号亟斋，山阳人，寓居埭溪杨园，以卖书画为生。与顾炎武友善，顾炎武著作《音学五书》，即张弨为之手写上版完成，时张弨还在淮上为书商，之后隐居湖州埭溪。有一天他去埭溪的仙村亚仙园，遇到了夏古丹，从此结识。后张弨在埭溪西坞庙里的墙壁上，看到了一首诗，吟诵再三，爱不释手，于是抄录以归。后来开始跟随夏古丹学习诗歌。但是夏古丹行踪不定，有时候一年间只得见一次，每次

---

① 陆心源：《吴兴诗存》4 集卷 19，第 8 页 a。
② 陆心源：《吴兴诗存》4 集卷 19，第 19 页 a。

见面也很少长篇大论，往往说不上几句话。但是凡是遇到夏古丹的诗歌，张弨就抄录下来。张弨家中悬挂着一个长颈的葫芦，他将抄录来的夏古丹的诗，都塞进这个葫芦。康熙十四年（1675 年），夏古丹在埭溪去世。张弨把藏诗的葫芦拿下，掏出诗稿，一一誊录，传诸后世。而夏古丹因为是一个人在埭溪，并无亲人，所以后事也全靠在埭溪的朋友为之张罗。

埭溪望族胡氏有胡嵋，字山眉，号雪庐，是清初埭溪地方绅士，家境富裕，为人热心，凡乡间治盗、水利，皆予支持。又有张午祁，字元声，也是清初才来到湖州埭溪隐居的义士。得到夏古丹去世的消息，胡山眉与张午祁协力完成了安葬事宜。张午祁后携带夏古丹的诗稿，去嘉兴拜访吕留良。吕留良为此大发感慨：

> 风雨村堂话旧杯，十年收拾苦瓢开。
>
> 都从店壁僧房得，不向名门社板来。
>
> 老妪移床悲剩药，山翁携酒哭新苔。
>
> 自惭许剑成虚语，把卷随君尽一哀。[1]

诗歌中描绘了吕留良得到的信息：在夏古丹去世前夕，只有张午祁和一个老妪服侍左右。英雄落寞，在最后的时刻也没有尽酬壮志。

夏古丹的《山居》组诗，最能显示他的远志与惆怅：

其一

日近长安远，云林隔帝乡。

山山栖虎豹，草草任牛羊。

---

[1] 俞国林：《吕留良诗笺释》，第 847 页。

其二

老泪生幽独，孤身立渺茫。

遥怜旧京树，落叶满宫墙。

其三

日落千峰紫，愁来酒不沽。

风花南北泪，烟草短长途。

其四

旅食看劳鹿，浮家叹野凫。

自怜行迈者，言笑不如无。[①]

在埭溪的岁月，他惦记着遥远的"长安"，看着到处都是虎豹栖息，江湖并不太平。他内心非常孤独，怀念着"旧京树""宫墙"。

埭溪龙兴桥畔，夏古丹终于安卧其间，长眠于此。

第六节　朱祖谋的文化追求

朱氏是江南地方大族。早在魏晋时期，《世说新语》评价吴地四姓说："张文，朱武；陆忠，顾厚。"[②]意思是早期的朱氏家族以出武将为多。三国时期朱然即出自吴兴故地。爰及晚清，自明代迁徙定居埭溪的朱氏一脉，族群繁盛，代出贤人。埭溪朱氏家族，自明代开始有秀才、监生，到清中期开始有举人、进士。而朱祖谋之父朱光第，少年就入幕学做师

---

① 陆心源：《吴兴诗存》4 集卷 19，第 7 页 a。
② 刘义庆：《世说新语校笺》，第 268 页。

爷，人情练达，精明强干。朱祖谋就出生在这样一个家庭。

朱祖谋（1857—1931年）是朱光第长子，原名朱孝臧，字霍生，字古微，一作古薇，号沤尹，又号彊村，埭溪渚上强村人。光绪九年（1883年）殿试为传胪（二甲一名进士）。之后十余年间，任翰林院编修、国史馆协修、会典馆总纂总校、戊子科江西副考官、戊戌科会试同考官等职。

1896年，结识王鹏运。晚清词学大家王鹏运正在举办词社，以文学结交士人。朱祖谋应邀而入，遂于40岁钻研词学，词学成为他后半生的事业。

朱祖谋投身词学，正是王鹏运引导的结果。朱祖谋对于宋词钻研极深，从他对词的研究、创作到浸润其间，体现了他高超的文化追求。

一、身世浮沉与敢言直谏

生于国家衰落近乎亡国之际，朱祖谋科举仕途的顺利，映衬了他晚年仕宦理想和追求的崩坏。

朱祖谋的人生履历，大致可以分为四段。

第一阶段是从出生到科举传胪及第（1857—1883年）。这一时期他大多生活在河南。根据朱祖谋的硃卷文献记载，朱祖谋出生在咸丰七年（1857年）阴历七月二十一日。此时其父尚在萧山幕府任职。咸丰后期，捻军起义，烽火连天，到处警报。萧山虽然毗邻杭州，但是钱塘江横亘阻隔，萧山为小县，人民困苦不堪。县域治理依赖县令，而县令全凭幕府。朱祖谋之父朱光第已经在萧山幕府任职20多年，对县界之内大小民情，悉数掌握。

　　清代的地方治理非常特别，奉行一种地方官承包制。地方主官全权负责地方事务，地方事务也由地方主官聘请一个幕府班子来负责所有钱、粮、刑、名等行政事务。幕府班子有一个首领，为承包工作头目，又称府主。府主要对地方主官负责，入幕的人称幕友，都是由府主聘请组成的班子的成员。幕府班子全部是临时聘用人员，不拿政府一分钱，也没有任何行政身份和地位，只是为地方主官服务的职业行政操盘手。幕友人数多寡，根据县情大小或者主官出钱多少、事务烦杂程度而定。一般而言，这些幕友都是各有自己职业特长的人员。朱光第最擅长的是刑幕，亦即专门为萧山地方处理刑事诉讼的幕友。

　　朱光第，字榜花，号杏簪，为人沉毅耿介，入幕治刑，穷蕴探微，工作非常认真。他尤其喜欢汪辉祖的《佐治药言》。汪辉祖是清中期著名的绍兴师爷，号称"一代名幕"。他把自己在幕府的经验，写为《佐治药言》一书，阐述自己的地方幕府治理理念，其中有大量的至今仍为人所称道的格言名句。朱光第践行其言，人皆称赞。大约在咸丰末期，朱光第出仕担任了河南邓州知州。朱光第在河南邓州期间，治狱严格，按事定谳。古代官吏判狱，经常是利于告状者为多，由此诉讼滋繁，地方讼棍较多。朱光第擅长刑事，因此每每穷追诉讼，奸猾惮伏，浇风渐息。

　　朱祖谋少年时期在朱光第身边耳濡目染，深受影响。后来他为陈三立描述其父的行迹，感慨良多。[①]

　　朱祖谋读书从师，先在萧山，后至河南邓州。光绪八年（1882年），朱祖谋参加顺天府乡试，以第 178 名开启了科举宏图。次年即光绪九年

---

① 陈三立：《散原精舍文集》卷 12，第 1003 页。

春，会试中式，旋参加殿试，为二甲第 1 名（俗称传胪）。又参加朝考，得第 7 名。点翰林院庶吉士。考中进士后不久，朱祖谋宴请了比自己年长 17 岁的湖州同乡，同科进士沈家本。

朱祖谋人生的第二阶段，是从开始为官到八国联军侵华（1884—1900 年）。这十多年间，他始终担任朝廷中枢低等级文官。他所任职位，前后有翰林院编修、国史馆协修、会典馆总纂总校、戊子科江西副考官、戊戌科会试同考官、翰林院侍讲、侍读庶子、侍读学士等。其中考官属于临时职位，考试结束即刻卸任。其余的官职，虽然历来文人以为显赫，地位极高，品级却极低。

翰林院的年轻士子，是古代中国封建王朝的高官储备库，这些人在科举考试中名列前茅。朱祖谋入翰林院后长时间从事宫廷高等级秘书的工作。他们整理历代典籍，为皇帝以及皇家子弟读书提供教学材料和服务。很多时候他们也参与起草皇家日常重要文件，密切关注朝野动向。他们在皇帝以及高官身边工作，了解朝野重要的哪怕微小的细节，也能影响皇朝未来的走向。

早在清王朝建立初期，顺治皇帝就曾对通过科举考试名列前茅而入翰林院的年轻士子有过评议。他说：

> 朕稽往制，每科考选庶吉士入馆读书，历升编检、讲读及学士等官，不与外任。所以咨求典故，撰拟文章。充是选者，清华宠异，过于常员。然必品行端方，文章卓越，方为称职。[1]

---

[1] 徐一士：《一士类稿续集》，第 392 页。

这些人如果没有得到提升，可能一生都在默默无闻中度过。或者有一些哪怕在人际或者品行上有很小的瑕疵，也可能会导致灭顶之灾。当然，如果圆满工作到致仕，他们回到故里依然会获得非常高的荣誉或者待遇。清初湖州的徐倬就是地方最知名的终生服务于宫廷而没有显赫职位的典范。他最高的官职是侍读学士。

1900年，朱祖谋也做到了翰林院侍读学士的官职。假如没有一场轰轰烈烈的八国联军侵华战争，朱祖谋也许会在这个岗位上一直干下去，直到致仕。然而这一年，义和团悄然从民间兴起，斩杀攻伐无孔不入的西方侵略者。西方列强面对民间的抵抗力量，对清政府提出激烈的照会，并且组织兵员，计划进入北京"保护"使馆和西方人的安全。义和团轰轰烈烈壮大之时，清王朝统治者又惊又喜又怕：惊喜的是国内还有抵抗洋人的民间力量，怕的是自己收拾不了。1900年6月18日，在八国联军组织军队从天津开往北京的道路上，清军和义和团在廊坊对这支2000人的八国联军队伍进行了激烈的阻击。八国联军被迫撤回天津。这时以慈禧太后为核心的大清王朝统治者还在对义和团是剿灭还是安抚摇摆不定，然而决策已经迫在眉睫。

1900年6月16日到6月19日，慈禧太后组织大臣召开了四次御前会议，应对西方列强侵华，决定国策。在国家存亡危急时刻，很多平时无法参与国是的人也被请来参加会议，当时人记录第一次参与会议的有上百人之多。但能够在会上发言讨论、阐释意见或者据理力争的人并不多，个人身份、权力和官职大小决定了这只是一场少数人说了算的场合。然而意外还是出现了：那就是位卑却未敢忘忧国的朱祖谋。朱祖谋在朝堂之上，不顾人微言轻，大声与慈禧太后对话，力图于国家决策有所建议。朱祖谋在朝堂上与慈禧太后意见相左、口角龃龉，当时参与者多有记载：

《金銮琐记》云："天潢虎视怒如雷，裕叟三言亦可哀。流涕歔欷朱学士，森罗殿上脱身来。"注："内阁学士朱祖谋古微，庚子秋来余寓坐谈，曰：'昨日召见九卿，予跪居末班，大声奏曰请太后、皇上缓攻使馆，恐结怨太深'云云。太后以朱不常召见，不识面，朱身短，隐人丛中，太后闻声四顾。端王昂头虎视，大呼曰：'谁说话？'朱曰：'臣是内阁学士朱祖谋。'端王、太后皆怒视之。兵部尚书裕德曰：'奴才愿太后、皇上以天下国家为重。'太后不理，三言之，仍不理。学士窃笑其空洞无物，然不触犯天威在此。学士言讫，涕泗交颐，谓昨日召见，如置身森罗殿上云。[①]

朱祖谋为国是发声，称自己如"置身森罗殿上"并非虚语。与之同时或在后面几次御前会议上抗礼慈禧太后的几位大臣不久就遭到杀头的命运。

后人回忆和复原了这次荒诞但影响中国历史的御前会议。与朱祖谋一起参会的恽毓鼎回忆当时情境说：

群臣纷纷奏对，或言宜剿，或言宜抚，或言宜速止洋兵，或言宜调兵保护。随而派侍郎那桐、许景澄出京劝阻洋兵，一面安抚乱民，设法解散。遂麾群臣出。毓鼎与光禄卿曾广汉、大理少卿张亨嘉、侍读学士

---

① 徐一士：《凌霄一士随笔》，第466—467页。

朱祖谋，见太后意仍右拳匪，今日之议未得要领，乱且未已也。乃行稍后，留身复奏曰："臣等尚有书。"亨嘉力言拳匪之当剿，但诛数人，大事即定。张闽人，语多土音，又气急不尽可办。祖谋言皇太后信乱民，敌西洋，不知欲倚何人办此大事。太后曰："我恃董福祥。"祖谋率然对曰："董福祥第一即不可恃。"太后大怒，色变厉声曰："汝何姓名？"对曰："臣为翰林院侍读学士朱祖谋。"太后怒曰："汝言福祥不足恃，汝保人来！"祖谋猝不能对。……太后于祖谋之出，犹怒目送之。[①]

事态变化非常快。到 6 月 19 日的第四次御前会议时，慈禧太后已经获悉廊坊阻击八国联军成功，决心对西方开战。会议开始，慈禧就向列强开战的决策让诸大臣表态。翰林院侍读学士朱祖谋再次表示："拳民法术，恐不足恃。"内阁大学士联元，留过洋、曾做驻外公使的总理衙门大臣、工部左侍郎许景澄，太常寺卿袁昶纷纷表示反对。慈禧太后为了政令畅通，立威朝堂，决心杀戮以警示政见不同者。1900 年 7 月，慈禧下旨诛杀许景澄、袁昶、联元等。

很多人为朱祖谋捏了一把汗。

朱祖谋身材短小，却精神炯炯，壮志凌云。在朝堂之上，冒死为国进言，展示了他的拳拳爱国之心。

当八国联军攻入北京城，慈禧太后仓促西逃的时候，朱祖谋与 30 多位留京的朝中大臣联名请李鸿章速从上海来京主持政务。同时隐居僻地，与王鹏运等人埋首词学。

朱祖谋人生的第三阶段，是从《辛丑条约》签订、他被委任为礼部

---

① 李剑农：《中国近百年政治史》，第 162—163 页。

侍郎，到广东学政任上愤而辞官归里（1901—1905 年）。这一时期他身居晚清高官，看透了官场的黑暗。战后，慈禧太后大肆屠杀 100 多位当初主张对西方列强开战的大臣，以讨西方列强之欢心。他不仅没有因为在八国联军侵华前夕对抗慈禧太后而被杀头，反而加官晋爵。

礼部侍郎是地位极为崇高的官职，朱祖谋在任职时期并没有获得大刀阔斧改良国运的机会，仅仅一年之后，他便被派往广东担任学政。显然，在尔虞我诈的官场上他又一次落寞了。

在广东，朱祖谋辗转各地，视察学宫，考察士子学业，拔擢名士，表扬忠孝节义，崇祀先圣先贤，访求山林隐逸，搜罗名胜藏书。他遇到好友黄公度，在人境庐话旧，二人相谈甚欢。朱祖谋为此填词《烛影摇红·晚春过黄公度人境庐话旧》以记其事：

春暝钩帘，柳条西北轻云蔽。博劳千啭不成晴，烟约游丝坠。狼藉繁樱划地。傍楼阴，东风又起。千红沈损，鹈鴂声中，残阳谁系？

容易消凝，楚兰多少伤心事。等闲寻到酒边来，滴滴沧洲泪，袖手危阑独倚。翠蓬翻，冥冥海气。鱼龙风恶，半折芳馨，愁心难寄。[①]

词借景以抒情，黄昏夕阳、山峦阴云、伯劳啼鸣、樱花飘落意象，寓含了词人对国家乱象、庸臣当道、志士无力回天的悲愤无奈；词中又隐含了对刘光第等戊戌六君子的追思，表达了词人对国家命运的忧虑，对贤人报国壮志、高洁灵魂的敬仰。

到 1905 年，朱祖谋与两广总督岑春煊意见不合，愤而辞职。

---

① 朱祖谋，白敦仁：《彊村语业笺注》，第 139—141 页。

学政虽然在职位上与总督、巡抚平级，但是没有总督配合支持工作，学政署事务几乎无法展开。朱祖谋性格平和，形似柔弱，实则思想沉郁，意深邃远。尤其是他看透了晚清官场的黑暗和不公，认为与其在其中有心无力、难以施展抱负，不如远离是非，独善其身。所以这一年他托病辞官，借道香港，经水路北归。

朱氏人生的第四阶段，是从他辞官隐居到去世（1906—1931 年）。这一时期，他投身词学研究与校勘、出版事业，组织词社，参与文化活动，成为晚清民国上海文化界的知名人物。

早在北京为官时期，光绪二十二年（1896 年），他就结识了王鹏运，加入王主导的词社，专工于词。当时国是日非，外患日亟，亡国之痛愈益显著。他们引古人古诗以喻今，在文学殿堂畅游，纵横千古，追求以文学事业一展风华。八国联军侵华进入北京期间，朱祖谋和王鹏运隐居，日日相会，关注国是，亦切磋词艺，把对国家民族的无限悲思与对清政府昏庸无能的愤怒填写入词，引古史以映今事。

刚刚从广东辞职的第一年，他借宿并定居苏州，往来于苏州与上海之间。不久王鹏运客死苏州，朱祖谋感慨万千，填词以悼念之。随后他迁徙定居到上海，直至去世。在上海时期，大量的晚清遗老与之交接，如夏孙桐、沈友卿、郑孝胥、严又陵、孟庸生、柯贞贤等。

朱祖谋从辞官到辛亥革命推翻清朝统治，始终不愿意再出任官职。除光绪三十四年（1908 年）年初曾短暂担任江苏法政学堂监督一职，他坚绝不再做官。慈禧太后、光绪皇帝去世后，宣统元年（1909 年）朝政易主，朝廷诏朱祖谋赴京就职，他引疾未痊不去赴任。宣统三年（1911

年），大清朝廷设置弼德院，授朱祖谋为顾问大臣，他同样乞假未赴。旋十二月底清帝下诏退位。

在朱祖谋辞官之后的 26 年里，他最关心的事业是词学。晚年他几乎把自己的全部身心和文化追求都投入了词学事业。

二、朱祖谋的文化追求与寄托

文学既表现时代，也反映个人对身世命运的回应与寄托。针对朱祖谋的词学，中国词学研究会会长王兆鹏曾经有一个论断，说"从中国古典词学角度出发，'文人词'从吴兴开始，在吴兴结穴，'一头一尾'都在吴兴，这里也可以说是现代词学的开创之地"。而"朱祖谋则是传统意义上的最后一位古典词大师，他是《宋词三百首》的编纂者，也是现代词学的开山鼻祖"。

饱读六经、胸怀天下壮志的旧式文人，在 20 世纪初中国的政治社会大变局中常常手足无措。朱祖谋既对晚清政府感到无比的失望，但他也从没有认为辛亥革命可以拯救国家命运，更遑论后来的国民革命与北伐政府。辞职之后，尤其是在辛亥革命之后，在朱祖谋的内心，一切都呈无着落的状态，恍如浮萍。

在谢绝一切可能重新赴任、承担社会责任或者政治责任的背后，是他的文化追求与寄托。设若前半生科场及第，成为翰林院翘楚，朝堂上敢于顶撞慈禧太后，险些殒命法场，是以身许国；那么他的后半生，埋首经卷，弘扬梦窗，校勘词籍，提携后辈，传砚学林，便属于捐躯词学。而这一切，又与他的文化追求与寄托密切相连。晚年他给自己取字"古微"，寓意极深。

"古微"出自《春秋公羊传》。《尚书·微子篇》："微，国名。子，爵也，名启，帝乙长子，纣之庶母兄也。"[①]商朝亡国之后，微子就成为遗民。周公旦将商故地封给商王朝后裔微子及其后代，使其建立宋国，都城在商丘。《史记·宋微子世家》详细描述其事迹。《尚书·微子篇》有载微子"痛殷之将亡"，数谏不纳。而朱祖谋在御前会议上也为了国家安危，顶撞慈禧太后，希冀舍身救国，与之类似。因此，他以微子自况，所以取号为"古微"。而由此号，又可以明心见性，知其所从来。

晚年的朱祖谋来往沪苏，极少回到故里。他始终不停歇的，是校勘历代词学文献，尤其是弘扬梦窗词，他接续王鹏运的词学思想，从而整理国故，弘扬传统优秀经典。到了1917年，他所校勘的《彊村丛书》完成并初刻。《彊村丛书》是大型词集，唐代至明代优秀的知名词人词作几乎包览无余。丛书收录唐、五代、宋、金、元总集5种，别集170家左右。朱祖谋并不满足于此。民国十一年（1922年）第三次校补，增加了大量内容。第三次校补本最为完善。

朱祖谋校勘古籍，对古籍底本严加甄别，绝不盲从徒有虚名的"古本"。每有校改，后必附校勘记，详细说明校改之处，展示了旧学人的严谨治学态度。

朱祖谋并不避讳对于词学的热爱和投入，也毫不谦让地示人。袁世凯初任总统，致书朱祖谋，希望他能够就任高等顾问。朱祖谋笑而却之。随后1915年，知名画家顾鹤逸为他绘制《彊村校词图》。随后何维朴1916年绘制了第二幅《彊村校词图》。大约不久后吴昌硕、吴待秋和王

---

① 蔡沈：《书集传》，第140页。

竹人三人合作，绘制了第三幅《彊村校词图》。1925年，吴昌硕又单独绘制了第四幅《彊村校词图》。

四幅《彊村校词图》既是文友圈的捧场之作，也是对历史文化的接续和传承。早在大明灭亡之时，就有词人陈维崧自诩遗民，不受清人怀柔，致力于词学。时人绘制了《迦陵填词图》，大量的文人学者围绕这幅图，吟咏抒怀，感慨世事。而陈维崧也成为清初词学泰斗，担任千年词学的传人。绘制《彊村校词图》正是直接承袭了这种文化传统，把理想寄托在对民族传统文化的执着和深化上，既付诸心血，也遥寄理想。

围绕《彊村校词图》，大量的文人学者为此赋诗作文，表彰朱祖谋的校词事业，或者也为他申明心志。其中最知名的文章是王国维写的《〈彊村校词图〉序》。文中写道：

古者卿大夫老则归于乡里，大夫以上曰"父师"，士曰"少师"，皆称之曰"乡先生"，与于乡饮酒乡射之礼，则谓之"遵"。遵者，以言其尊也。席于宾主之间者，以言其亲也。乡之人尊而亲之，归者亦习而安之，故古者有去国无去乡。后世士大夫退休者，乃或异于是，如白太傅之居东都，欧阳永叔之居颍上，王介甫之居金陵，盖有不归其乡者矣。然犹皆其平生游宦之地，乐其山川之美，而习于其士大夫之情，非欲归老其乡而不可得也。至于近世，抑又异于是。光宣以来，士大夫流寓之地，北则天津，南则上海，其初席丰厚，耽游豫者萃焉。辛亥以后，通都小邑，桴鼓时鸣，恒不可以居于是。趋海滨者如水之赴壑，而避世避地之贤亦往往而在。然二地皆湫溢卑湿，又中外互市之所，土薄而俗偷，奸商傀民，鳞萃鸟集，妖言巫风，胥于是乎出。士大夫寄居者，非徒不知尊

亲，又加以老侮焉。夫入非桑梓之地，出非游宦之所。内则无父老子弟谈
谑之乐，外则乏名山大川奇伟之观。惟友朋文字之往复，差便于居乡。然
当春秋佳日，命俦啸侣，促坐分笺，壹握为笑，伤时怨生，追往悲来之
意，往往见于言表。是诚无所乐于斯土，而顾沈冥而不反者，盖风俗人
心之变，由都邑而乡聚。居乡者，虑有所掣曳，不能安其身与心，故隐
忍而出此。归安朱古微先生，以文学官侍郎。光绪之季，奉使粤峤，遽
乞病归，往来苏沪间。迄于近岁，居上海之日为多。丙辰秋日，先生出
所绘《彊村校词图》，授简命序。彊村者，在苕水之滨，浮玉之麓，先生
之故里也。先生既以词雄海内，复汇刊宋元人词集成数百种，铅椠之役，
恒在松江歇浦间，而顾以彊村名是图。图中风物，亦作苕霅间意，盖以
志其故乡之思云尔。夫封嵎之山，于《山经》为浮玉，上古群神之所守，
五湖四水拥抱其域，山川清美。古之词人张子同、子野、叶少蕴、姜尧
章、周公瑾之伦胥卜居于是，千秋万岁后，其魂魄犹若可招而复也。先
生少长于是，垂老而不得归，遭遇世变，惟以填词刊词自遣。盖不独视古
之乡先生矜式游燕于其乡者如天上人，即求如乐天、永叔诸先生退休之
乐，亦不可复得，宜其为斯图以见意也。夫有乡而不得归者，今日士大夫
之所同也。而为图以见意，自先生始，故略序此旨，且以纪世变也。[①]

　　王国维也是自诩遗民的大学者，因此将朱祖谋的心迹阐释得极为精
确。文章开始说上古之人，退职必归乡里。但是后来就不是这样了，白
居易、欧阳修、王安石退休之后，都没有回到故里，而是居住在更加舒
适的地方。晚清以来，天津、上海成为大量退休遗老的聚居区。随后描

---

① 王国维：《观堂集林》，第 620—622 页。

述朱祖谋退居上海的缘由。"而顾以彊村名是图。图中风物，亦作苕雪间意，盖以志其故乡之思云耳。"一语中的，揭示了朱祖谋以"彊村"为号的良苦用心，无非是寄托故乡之思。而"苕雪间意"，亦语意深切。苕溪、雪溪固然是贯穿湖州的河流，而苕雪自唐代开始，就有极为深远的"隐逸"文化内涵。[①]王国维回顾了湖州历史文化中的山水名胜和词学大家，认为朱祖谋徜徉于填词事业而"自遣"，非常快乐，"如天上人"。由此可知朱祖谋晚年对词学的热衷和喜欢。因此，才会有多位画家为他绘制《彊村校词图》，"图以见意"。

朱祖谋校勘词学，尤其钟情于梦窗词。梦窗是宋代词人吴文英的号。吴文英（约1200—约1260年）字君特。一生未第，始终游幕官场，担任低微的官职，最后困踬而死。吴文英知音律，能自度曲，词风雅致，讲究字面，烹炼词句，措意深雅，守律精严，集宋人婉约词之大成。朱祖谋曾经四校《梦窗词集》，前后30年。以校勘《梦窗词集》为基础，朱祖谋为后世的学词者提供了词学范式。

晚清民国初年诗人吴学廉赋诗《古微侍郎命题校词图》，把朱祖谋校勘词籍的背景、过程、影响和地位交代得颇为细致：

一

侃侃当朝折槛臣，挂冠余事作词人。

却将撑日回天手，蠹简丛中觅苦辛。

二

诗余宏旨源风雅，历代名章未尽传。

---

① 刘正武：《苕雪文化渊源及其文化品格论》，《浙江社会科学》（2009.8），第85—90页。

在在何须灵物护，扬芬千载有斯编。

三

汇刻长沙迄海虞，大成后起赖鸿儒。

休论兰畹花间集，都与残篇断简俱。

四

画中林屋书充栋，秘籍奇辞费讨论。

理乱不闻常闭户，泉田之后见彊村。

五

笔端温李供驱使，梅子狂言俗耳惊。

肴馔百家有人在，楼台七宝自修成。

六

浙水毗陵号起衰，半塘继起转堪悲。

只今能抗前贤席，惟有归安绝妙词。

七

瞻望觚稜旧月残，琼楼高处不胜寒。

谁知词客哀时意，曾见金人泣露盘。①

　　这组诗，是对朱祖谋校勘词籍的文化阐释，同时也是对他心态行迹的诗化书写。在四幅《彊村校词图》上，题咏之人，有顾麟士、郑孝胥、瞿鸿禨、陈三立、杨钟羲、夏敬观、缪荃孙、胡嗣瑗、罗惇曧、陈衍、黄节、沈曾植、王国维、黄孝舒等。

　　朱祖谋遴选优秀清词而成《词莂》，其中选录了自己的词作 10 首。

---

① 孙雨晨：《历史的绣像：清代题咏论》，第 60—61 页。

古人选集，一般都不会选录自己作品，因此早期朱祖谋甚至托名《词莂》为他人所作。与《彊村校词图》遍请名家题序一样，选自己的词入集，有司马迁"恨私心有所不尽，鄙陋没世，而文采不表于后"之意义在。朱祖谋有强烈的追求名扬后世的心态。晚年人生走到终点的时候，他将两方砚台交给龙瑜生，以"授砚"方式体现学术衣钵传承。乃至美术界名家巨匠如夏敬观、吴湖帆、汤涤、徐悲鸿、杨芝泉、方君璧、蒋慧等纷纷为此创作《授砚图》，成就另一段佳话。而朱祖谋对于自己的这点求名的心思，也屡屡提及，内心略有愧悔，但并不更改。

朱祖谋的文化追求，是对中国传统文人"立德立功立言"精神的承袭和弘扬。在救国无门之后，他的后半生身许词学、献身校勘，词学是他的学术和文化寄托。在词学创作上，他留下了《彊村语业》700余首词作。钱仲联评价他"结一千年词史之局"，把他比喻为词学梁山泊的"天魁星呼保义宋江"[1]。可见他的地位之高。

附文一

湖州："宋词之州"的建构

"宋词之州"是一种文化建构，是在历史文化基础上总结和提炼出来的新概念。湖州与宋词渊源很深：这不仅是因为一曲"西塞山前白鹭飞"及其广泛的唱和，开启了中国文人词自觉创作的阶段，也因为湖州籍贯

---

[1] 钱仲联：《诗坛点将录》，第231页。

的词人在中国词史上影响深远，后世绵延不绝。比如：宋代初年张先发展词律、创制慢词、拓宽词境，为宋词发展奠定了基础；叶梦得唱和词丰富了词的实用功能，大量的湖州地理名词渐次成为诗词文化意象（如白蘋洲、西塞山、六客堂等）。词史上的一些重要名家亦在湖州留下了大量词作。

宋代湖州籍贯词人总计38人，计有：张先、叶清臣、朱服、朱嗣发、芮烨、芮辉、刘述、丁注、沈蔚、葛立方、张珍奴、王嵎、沈端节、章谦亨、牟巘、周密、韦居安、王孝严、严抑、莫蒙、莫起炎、沈与求、吴渊、吴潜、李彭老、李莱老、圆禅师、刘焘、周颉、净端、吴益、刘一止、倪偁、葛郯、沈瀛、沈长卿、吴淑姬、方君遇。

与湖州关系密切的词人大致有：梅尧臣、欧阳修、赵抃、陈舜俞、李常、杨绘、李公择、苏轼、毛滂、辛弃疾、黄庭坚、米芾、秦观、晁补之、葛胜仲、李清照、张元干、李结、王十朋、汪藻、陆游、杨万里、姜夔、陈与义、周紫芝、张孝祥、范成大、章良能。

这个数量在宋代240州中排名第一。这也是"宋词之州"成立的最硬核的基础。

在宋词研究史上，尤其值得骄傲的是，晚清"词学殿军"、湖州埭溪人朱祖谋，校阅过宋代词人词作，成就了一部《疆村丛书》，又提携后辈，授砚传学，成就了一时佳话。当代高校词学传人，大多尊朱祖谋为学术祖师，与之多有师承关系。按照中国词学研究会会长王兆鹏的话说：文人词的一头一尾，都在湖州。缘此：湖州称"宋词之州"，是名正言顺的。

　　"宋词之州"的名称是一种新时代的新建构，新说法。这种说法，是通过抽丝剥茧、提炼大量史料文献与学术资源得出的，是在前人的基础上不断审阅和逼视作品、亲近古人和聆其咳唾而成的。但如果仅此而已，也不过尔尔。湖州历史文化资源丰富，必不止于宋词一端。

　　"宋词之州"文化品牌既属于宋韵文化的范畴，又有个性化的风格特点。宋词体现的婉约气质和风雅气息，与湖州人性格中的韧性、内敛，有某种默契和相通之处；宋词秀逸、婉丽的文化内涵与湖州精粹、缜密的城市风格似乎也有渊源。游历或生活在湖州的宋代词人众多，其词风、词句展示的文体风格，与唐宋以来湖州城市文化建设风格一脉相承，这既是一种文脉互动融通的表现，也是湖州人自觉追求的结果。

　　提炼宋词文化精神，对于提升城市文化品位、准确理解湖州城市文化精神具有积极意义。

　　在浮躁的社会风气中，需要不断提炼、总结、升华湖州文化精神，并使之与当代经济社会发展相结合，成为构建社会主义核心价值观的重要组成部分。"宋词之州"就是一种努力。努力实现文旅融合，更好地为人文新湖州建设发展服务，这才是我们今天建构"宋词之州"的文化意义和价值。

　　建构"宋词之州"要不断推进对湖州宋词、宋代词人以及宋韵文化的研究与传承。要承续疆村先生研究宋词的精神衣钵，认认真真核校文献，总结其思想文化，提炼其精神，实现对历史的敬畏、感知和文化再现。

　　建构"宋词之州"要借助宋词研究，实现对于历史传统文化精神的隔代响应和文化传承，同时凝练与新时代相贴切的文化内涵，重新传承建构宋韵文化内核，认真总结、分析和再现历史传统精神的精华。

有学者提出疑问：仅有湖州可以称"宋词之州"吗？当然不是。"宋词之州"文化品牌虽然在湖州被率先提出，但是并非仅湖州可以称"宋词之州"。宋词的审美情趣和文化精神，是贯穿在宋词的纵向历史和横向地理方位上的。正如"唐诗之路"并非专属浙东一样，当代宏阔的时代背景下对优秀传统文化精华的创造性转化和创新性发展，是不可以局限于一个地域的，也不能是片面的或者自娱自乐性质的。

建构"宋词之州"要着眼未来，建构今古。站在任何一个时间坐标上，我们都仅仅是时空生命的一瞬。我们既要懂得未来要来的使命任务，也要承继过去还在的精神背影：我们借助宋词的精神构绘，走出了千年的潇洒与柔美；借助宋词的优美故事，演绎了万千美的视界和情结；借助了宋词的窃窃悲戚或者铿锵顿挫，展出了辉煌的文学精神与世味悠扬。

附文二

打响湖州"宋词之州"文化品牌的建议

近年来的学术研究成果表明，湖州的宋词资源居全国领先地位。学习借鉴浙东"唐诗之路"打造的模式，打响"宋词之州"文化品牌，推动文旅融合发展，湖州具有得天独厚的禀赋和条件。

一、学术界得出湖州的宋词资源居全国领先地位的结论

根据浙江大学博士后娄欣星学术论文《〈全宋词〉作者的地理分布及其成因》、山东大学博士朱长英的博士论文《地理空间对宋词影响之研

究》、苏州大学薛玉坤博士的著作《宋词与江南区域文化：人地关系的视角》和学术论文《试论湖州地域文化对宋词创作的影响》等的研究，基本可以得出，湖州有极为丰富的宋词资源，在全国居领先地位。

（一）宋词作者的籍贯以湖州为最多，超过宋朝的首都临安、开封

根据多名学者对《全宋词》作者籍贯的统计，宋代词人以省级排名，浙江人数最多，浙江省内以州排名，湖州人数最多（见附文表1）。

附文表1　《全宋词》作者浙江籍贯分布表

排名	府（含县）	合计
1	湖州（乌程、归安、长兴、德清、武康）	38
2	临安（钱塘、仁和、余杭、临安、富阳）	29
3	婺州（金华、义乌、永康、兰溪、东阳）	26
4	绍兴（会稽、山阴、嵊县、余姚、上虞）	24

宋代湖州籍的词人有33人，以州排名，位列天下第一。其中北宋词人张先创作最多，影响也最深。其他较有名的词人有叶清臣、朱服、刘焘、叶梦得、刘一止、沈与求、葛郯、沈瀛、沈端节、吴渊、吴潜、章谦亨、严抑、沈长卿、芮烨、王孝严等。

（二）湖州是唐宋文学活动非常集中的地方之一

汉代以后湖州文化越来越发达。唐代曾经以颜真卿为核心，出现了湖州文人集团，天下文人云集湖州，颜真卿说湖州"物土所产，雄于楚越，虽临淄之富不若也。其冠簪之盛，汉晋以来敌天下三分之一"。本土文人如沈约、孟郊、皎然、叶梦得、张先等，客籍为官者如谢安、王羲之、颜真卿、杜牧等都为湖州留下了大量诗文。根据学者的研究，宋代

湖州文学活动更加繁盛，尤其是南宋，几乎所有的知名词人都曾经在湖州留下过足迹或者诗词。

（三）在宋词发展进程中湖州具有举足轻重的地位

湖州不仅是全国出产词人最多的地方，也是天下词人云集游历、吟咏的地方。词的发展史上重要的代表人物如盛唐李白，中唐张志和；五代的李璟、李煜父子；宋代欧阳修、柳永、周邦彦、苏轼、秦观、晁补之、辛弃疾、李清照、陆游、姜夔……都曾与湖州有密切关系。在宋词发展史上，词人张先、苏轼、陈舜俞等在湖州举办的"六客会"，成就了一段又一段宋代词坛佳话。湖州在词的发展史上具有极高的地位。

二、湖州现存大量多形式的宋词文化资源

（一）湖州留存的宋词非物质文化资源

1.地名。宋词中有大量的湖州地名，如白蘋洲、西塞山、消暑楼、明月楼、西亭、墨妙亭、水亭、水阁、余水阁、雪溪馆、碧澜堂、集芳亭、山光亭、朝霞亭、碧波亭、绝顶亭、石林谷、六客堂、六客厅、何山、万寿寺、东林寺、莲花庄、尧市、相国池、何氏书台、苕溪草堂等。这些地名背后不仅有优美的诗词传世，也有极为丰富的文化内涵，是宋词中出现的高频率词汇。

2.文化意象。古代诗人、词人对湖州的吟咏歌赋，催生了很多的源起于湖州的文化意象，如浮家泛宅、渔父、水晶宫等，这些文化意象已经成为湖州文化标志性的象征物，属于湖州重要的历史文化遗产。如唐代张志和写"西塞山前白鹭飞"词后，唐代柳宗元、颜真卿、陆羽、徐士衡、陆成矩都有续作，宋代黄庭坚、苏轼、徐师川、张炎、朱敦儒、孙锐、陆游、叶梦得等人也都有仿作。"浮家泛宅"的"渔父"意象，已经成为后世向往的满足自适、超尘绝俗、清空澄净生活的生活境界。

3.大量描绘湖州的宋词作品。宋代有大量的吟咏湖州的词作。宋人吟咏湖州的词说："山一带，水一派，流水白云长自在。"这种描绘湖州的宋词非常多，值得研究、传播并向公众推广。

（二）湖州学者曾对宋词研究做出巨大贡献

宋代之后，湖州文人学者在宋词研究领域曾居于全国领先地位。最著名的是埭溪人朱祖谋，号彊村，上强村人，晚清官至礼部侍郎，以研究词学终老，与王鹏运、郑文焯、况周颐并称晚清词学"四大家"。朱祖谋晚年搜集五代、唐、宋、金、元词家168家作品加以勘校，印刷出版词学大型总集巨著《彊村丛书》，是中国词学史上非常有贡献的学者之一。他还曾辑录历代湖州词人词作，完成《湖州词征》30卷、《国朝湖州词录》6卷。

朱祖谋是词学研究史上的集大成者，且提携后学，声望极高，被视为从唐宋到近代数万千词家的"殿军"。他的弟子如吴梅、龙榆生、夏承焘、陈匪石等后来都成为卓越的现代词学研究者。目前国内高校教研词学的老师和海外知名词学研究学者，大多为朱祖谋的三传、四传甚至第五、第六代弟子。

（三）词学"殿军"朱祖谋、况周颐的墓地在道场村

朱祖谋祖居所在地在埭溪南圣堂一带是明确的。作为晚清词学"四大家"的况周颐和朱祖谋的墓地也在湖州南郊道场村，且相距仅仅20米，是重要的历史文化遗产（目前是市级文保单位）。况周颐与朱祖谋研

学宋词，交往密切，约定死后一同葬于湖州。二人分别于 1926 年、1931 年病逝后魂归湖州。况周颐（1859—1926 年），广西临桂（今广西桂林）人，号蕙风词隐，晚清举人，研究宋词 50 年，卓有成绩，著作有《蕙风词话》《蕙风簃随笔》等多部著作，这些都是当代宋词研究的必读书目。

三、关于湖州打响"宋词之州"文化品牌的建议

学习借鉴浙东"唐诗之路"的做法，湖州要利用好丰富的宋词文化资源，需要政府积极推动高雅艺术从高校"象牙塔"走进政府政策视野，与文旅融合发展结合，提升湖州文化宣传品位。

（一）提高对湖州"宋词之州"文化品牌的认识

湖州宋词历史文化资源是湖州优秀高雅传统文化的一部分，蕴含着深厚的精神文化内涵，极具艺术感染力和宣传价值。宋词文化资源潜移默化地融入湖州经济社会发展尤其是文旅融合发展，将有效地提升湖州形象品位的传播力、影响力。

打响湖州"宋词之州"文化品牌，既是贯彻中央、省委继承和弘扬优秀的地域传统文化，深入挖掘历史文化资源，实施文化基因解读工程的具体行动，也是根据湖州历史文化资源状况，做出的文旅融合发展的具体策略。

20 多年前浙东"唐诗之路"也从学术研究起步，最后成为省委关注并支持的文化项目，并被写入省政府工作报告。学习借鉴"唐诗之路"建设的成功经验，重视古典高雅的艺术在当代现实生活中的呈现，并使之与文化、旅游、宣传、惠民结合起来，与培育践行社会主义核心价值观、欢庆建党 100 周年活动结合起来，创造性地利用好这些诗词，传播、

美化、颂扬湖州城市因古典诗词而踵事增华的美名，持续推进湖州文化和文旅融合发展再上新台阶。

（二）在朱祖谋故里堠溪建设"彊村词学馆"，把宋词与美妆小镇建设结合起来，使之成为当代国内展示、研究、交流宋词艺术的集中地

在堠溪筹建彊村词学馆，以展示词学起源、发展、程式以及宋词研究成果，立体化、多维度地宣传、弘扬湖州宋词优秀传统文化，使高雅文化重回湖州、落地湖州。把宋词的古典艺术之美与堠溪镇建设美妆小镇的现代工业之美、和谐社会之美结合起来，让历史文化资源重新焕发光彩。具体操作可以采用"中国报告文学馆"落户徐迟故里南浔的模式，委托吴兴区和堠溪镇政府主要具体落实打响湖州"宋词之州"文化品牌的规划、建设、宣传工作。

可以通过建设彊村词学馆，由地方政府和湖州高校申报主办中国词学研究会的年会，走出去积极承办国际国内高端的大型词学学术研究会议，并努力使之成为永久会址，放大历史上湖州宋词的影响力，使之为地方经济尤其是地方文化建设服务。

（三）支持湖州师范学院、湖州学院等在湖高校联合成立"宋词研究中心"，使湖州成为宋词研究的中心

宋词的美学意象与当代建设和谐社会、生态湖州、滨湖城市等具有某种默契和一致性。虽然塑造湖州"宋词之州"文化品牌形象具有现实可行性和实践操作性，但是还需要继续有针对性、导向性地进行深入发掘和研究。湖州师范学院、湖州学院经过多年招引人才，目前已经有研究宋词方向的博士、博士后近10人，在宋词领域建构起了实力较强的研究团队，

具备建立"宋词研究中心"的基本条件。可以支持在湖高校与吴兴区政府、埭溪镇政府共同建立宋词研究中心，市社科联可以在设立项目、资助出版、申报课题经费等方面，予以特别的政策性关注与支持等。[①]

第七节 "人民楷模"王启民

王启民是埭溪的骄傲，也是湖州人民的骄傲。

2019 年 9 月 29 日，中共中央总书记、国家主席、中央军委主席习近平亲自为国家勋章和国家荣誉称号获得者颁授勋章奖章。作为"人民楷模"国家荣誉称号获得者，王启民走上颁授台，接受了党和人民的最高礼遇。

王启民，1937 年 9 月生于埭溪一个知识分子家庭。1960 年参加大庆石油会战，毕业后扎根大庆，奉献青春。曾任松辽石油管理局（之前名叫松辽石油勘探局）地质指挥所开发室、动态室实习员、技术员。1996 年 8 月任大庆石油管理局勘探开发研究院院长。作为教授级高级工程师，他先后主持参与了大庆油田实现稳产高产的 8 项重大开发试验项目，参加并组织了 40 多项课题的科研攻关和大庆油田"七五""八五""九五"开发规划编制研究等工作，多次获国家科学技术进步奖。他发扬"大庆精神"和"铁人精神"，敢于挑战油田开发极限，研究并提出了"分阶段多次布井开发调整"理论，其中表外储层开发利用技术突破了国内外认为不能开采的禁区。他主持的大庆油田高含水后期"稳油控水"项目

---

① 此文作为咨政报告，得到了湖州市政府领导批示并落实。彊村词学馆在埭溪镇人民政府的支持下，在 2022 年落成并开馆。

研究，为大庆油田实现 27 年 5000 万吨以上高产高效持续开发做出了重要贡献。荣获"全国先进工作者（全国劳动模范）""全国优秀共产党员""改革先锋"等称号。

回顾王启民的人生经历，我们可以探知他艰苦卓绝而又辉煌的一生。

一、苦难童年，艰辛生活（1937—1947 年）

王启民出生在 1937 年 9 月。他的祖父精明能干，不仅有很多田地，还开了间杂货铺，膝下有二子。王启民父亲王惟遂，从小患脊髓灰质炎（俗称小儿麻痹症），无法经营土地和店铺，便发奋读书，靠自学有了相当的文化，当上了教师。日本侵略之前，王家算是镇上的殷实人家。日本入侵后，一切都破碎了。1937 年 11 月，日本侵略军攻陷湖州。日军杀人放火，奸淫掳掠，无恶不作。

刚刚出生不久的王启民随着父母开始逃难生活。抗战期间，汪伪政权要王惟遂出来做事，民族气节极为坚定的他不愿与恶势力同流合污，毅然回到家乡的道场山万寿寺，在湖州的简易师范任教。在王启民的少年记忆中，就是父亲带着他们，从一个地方逃到另一个地方，从一座山逃往另一座山。那时他们一家人围绕着莫干山一带避难。

在逃难中，王启民的哥哥在营养不良和疾病困扰中倒下了。他的母亲担心死亡阴影会给其他孩子带来伤害，在大儿子快要咽气的时候将王启民支走。年幼的王启民走出房屋后，似乎意识到了什么，一出门便倒在地上。那是王启民对死亡和悲痛最早的深刻体验。

由于一个儿子被病魔夺走，王启民母亲决定把最小的一个男孩——王启民的弟弟送人收养。这一幕生离又是对王启民的一大刺激。王启民说他对这一幕的记忆尤为真切。弟弟是被母亲抱着送到别人家的，母亲抱着弟弟在前面走，王启民紧紧跟在母亲身后，一路走一路歇。那是母亲在有意拖延时间，好让这个小儿子在自己的怀里多待一会儿。王启民看着母亲一路流着泪，那种肝肠寸断的痛楚一直挥之不去。最令他心碎的一幕，是母亲把怀里的弟弟放到别人家起身就走，弟弟放声大哭。于是王启民也跟着大哭。不得已母亲又返回来抱抱弟弟，这样一连重复几次。

战争带给普通家庭和人民的灾难非常沉重。兄弟长别，埋葬了大的，送走了小的，王启民和一个弟弟、一个妹妹留了下来，同父母一起艰难度日。

二、勤奋少年，好学成长（1948—1956 年）

王启民的父亲王惟遂多年在外教书。直到 1948 年王启民才开始读小学。由于长期逃荒，他比同年龄段的孩子晚上小学，这给王启民带来了困惑。

1951 年，王惟遂调入湖州中学任教，全家安定下来。同龄的孩子都已经上中学了，王启民却还只上到小学三年级。他越想越不服气，就去找父亲谈判，说自己还只是小学生，太没面子了。

王惟遂听了非常高兴，于是跟儿子约定，让他先跟自己学，等小学基础知识扎实了，再安排他上中学。王启民欣然同意。此后，王惟遂便布置了一大堆课业，让王启民从"四书""五经"开始学。后来王惟遂被儿子的勤奋刻苦和志向征服。王启民进了湖州中学，王启民以他小学三年级的底子一跃成了一名中学生。

升学后，王启民即刻感受到了学业的压力。身边的同学都勤奋刻苦、成绩优异，与他们一比，自己丝毫没有优势。在逆境中摸爬滚打，王启民凭着灵气与钻劲儿，将数学、化学、物理各门功课的成绩很快提上去了。

于是，他初中没毕业，就又跳进了高中。这是他第二次跳级！

生怕基础不牢，于是他就拼命地补习，学着高中的，补习初中的。在校学习时，王启民的表现是很好的。据王启民高中时的物理老师、班主任程庭瑞的介绍，王启民性格内向，做得多，说得少。不仅刻苦学习，而且还积极锻炼身体，体育成绩顺利达标。他还有很强的集体荣誉感，班里活动从不推辞。他的弟弟王新民说："哥哥不贪玩，常常躲在房间里学习，还对小电器产生了浓厚的兴趣，家里那只收音机被他拆拆装装不知折腾了多少回。哥哥很听话，爸爸妈妈叫他干家务活，他总会乖乖地去做。"

1956 年，王启民高中毕业，高考时报考了 1953 年刚刚成立的北京石油学院，开始与石油结缘。

三、奋发读书，石油会战（1957—1960 年）

王启民的专业是石油地质。20 世纪 50 年代，是中国石油工业史从无到有的开始。1957 年年底，中国石油年产量已经攀升到了 145 万吨，但石油工业落后的面貌还是没有得到改变，石油产量远远满足不了人口众多、幅员辽阔的大国需求。1952 年，解放军第 19 军第 57 师近 8000 名将士被改编为"中国石油师"，集体转业到石油战线，在荒原戈壁，颠沛流离，寻找石油矿藏。1959 年 9 月，松辽石油勘探局黑龙江石油大队终于在大庆发现石油。大庆石油会战开始了。

王启民听到东北发现石油后，很是高兴，于是报名参加了大庆石油会战。1960 年 4 月，他从北京石油学院来到大庆油田实习，参加会战。

随着浩浩荡荡的会战大军，王启民和 150 多名同学作为实习生进驻萨尔图。萨尔图，蒙古语意为月亮升起的地方。探井显示，松基3井以北50千米处是面积广大、储量丰富的富油区。数万人马的云集，给游牧场带来了巨大的压力。茫茫荒原只有几处民房和少许牧场用房，夜晚异常寒冷，职工们一无房屋，二无床铺，有的住在牛棚、马厩、地窖或临时支起的帐篷里，有的干脆青天当被，大地当床，在大草原上过夜。吃饭更是困难，缺粮少菜，连锅灶、炊具都不够用，职工们只好用铝盔盛饭，用脸盆熬汤，生一口熟一口的。

王启民被分配至葡四井。葡四井坐落在荒原上的一个水泡子旁边，涨水时人要蹚着没膝深的水上井，水撤下去了，也是一地泥泞。开始没有房子住，就在油井旁边盖起了"干打垒"。早上醒来，身底下的垫子都是湿的。

此时，王启民和恋人陈宝玲被分配到了不同的岗位。王启民被分配到试油队，从事完钻探井试油试采。陈宝玲去了地质指挥所（这是大庆石油管理局勘探开发研究院的前身），被安排到静态一室，去进行静态石油地质研究。分别的一天，萨尔图雨雪交加，整片原野一片迷蒙和灰白，王启民瞬间便消失在茫茫风雪中，陈宝玲想再叮嘱几句已是不可能。

王启民白天采集数据，晚上为工人补习基础知识，同时，他还和工人一起对照资料、核实数据，发现问题及时纠正，同时对采集手段进行学习、切磋。后来，觉得住处距油井太远，有几千米的路程，来回个把小时就耽误在路上了。为了节省时间，也为了便于夜间观察，他索性搬到了靠近油井处。井边有一座小房子是锅炉房。冬天太冷，得给井口加温，不然油就流不出来。王启民干脆住进了这座小小的锅炉房。队长面对敬业的王启民十分感动，他说："这哪行，大家都住民房，哪能把你一个人丢在这儿！"王启民说："这儿靠近油井，工作起来十分方便，白天夜里都能照应。"谢绝了关照，王启民独自住了下来。锅炉房里没有床，王启民就睡在一条长凳上，锅炉房里水汽大，旁边还有个不小的水泡子，空气湿度就更大了。才睡了个把月，他就觉得腰部隐隐作痛，工作中时不时捶捶腰，脸上不自觉地露出痛苦的表情。从那时开始，王启民就为了工作落下了病根。

参加大庆石油会战的"铁人"王进喜说，这困难，那困难，国家缺油才是最大的困难。"铁人"那种为国分忧，为拿下大油田，宁可少活20年的大无畏的革命精神，深深地感动着王启民。王启民以"铁人"为榜样，与工人一起摸爬滚打，不分白天黑夜搞会战，年底在实习生中被评为唯一的二级红旗手。

四、扎根大庆，奉献青春（1961—1984 年）

1961 年 9 月，王启民以优异成绩毕业，回了趟老家湖州埭溪。

这是他上大学离家五年后首次回家探亲。父亲已经去世。大弟、二弟已经在工厂工作。母亲为王启民赶制了一件丝绵棉衣，将满心的牵挂都缝在了棉衣里，希望他建功立业，报效祖国。

王启民也暗下决心，一定要干出样子来！

1963 年，王启民的妻子陈宝玲怀孕临产，而王启民却没有心思去体味初为人父的喜悦。当时油田通用的采油法是通过注水加大地层压力，形成自喷井，可那时大庆油田采用这个方法却遇到了麻烦——从地下冒出的是水而不是油。王启民受命查找原因，直到孩子出生几天后，王启民还不能回家照顾妻儿。陈宝玲只好抱着刚刚出生几天的孩子，由陈宝玲年迈的母亲搀扶着，冒着风雪踏上开往北京娘家的列车。

此时奋战在工作第一线的王启民有了一个大胆的构想。他提出大庆油田地下油层厚薄不均，应当分层注水，在某些油层加大注水量。这种方法是对当时国内外推行的"温和注水法"的颠覆，谁也不敢肯定能行得通。

倔强的王启民捆起行李卷，住进了试验区，在一口已经废弃的油井上开始了他的试验。一遍遍地试，一次次地摸索，终于这口井的日产油量迅速回升。此后，曾被废弃的一大批油井转而成为百吨高产井，从此大庆油田走上了科学开采之路。

王启民回到家中，可妻子几乎快要认不出他了。几年的高强度野外作业、冰雪严寒，让这个生龙活虎的汉子、曾经的国家三级运动员患上了类风湿强直性脊椎炎。

1965 年，王启民住院期间，曾有病友因为承受不了病痛而选择了自杀。在极度病痛中，没有人知道王启民是怎样挺过来的。很快，他回到了工作岗位，佝偻成了他一生的固定姿势。王启民同事杨玉哲说："当时他经常就是干完活，或者是干一干活，就让他爱人陈宝玲啊，就让她站到背上去踩，因为太难受了。陈宝玲不忍心看着丈夫这么痛苦，偷偷帮王启民办好了调离工作岗位手续。谁知王启民犯了牛脾气，说什么也不走。一气之下，她把离婚协议书拍到了桌上。王启民眼都没有眨一下，毫不在乎地，就签了。"这就是王启民。不过最终陈宝玲并没有和他离婚。

20 世纪 60 年代初期，外国专家说："中国人根本开发不了这样复杂的大油田，而且大庆油田原油凝固点高、含蜡量高，又黏又稠，只有搬到赤道上去才能开采。"王启民说，这句话给他留下了深刻的印象。王启民没有被外国专家的论断吓住，反而闯出了一片天地。

"莫看毛头小伙子，敢笑天下第一流"，横批"闯将在此"。这副敢为人先的对联，就出自王启民等刚从学校毕业的技术人员和实习生之手。正是凭借着这股闯劲，王启民和他的战友们在大庆这片土地上，打响了一场技术战役。

王启民认为，大庆油田不属于滨湖相沉积，而应属于河流相沉积，从中区西部看，这里共有 45 个层位，厚的七八米，薄的不到 1 米，渗透率相差上百倍。就是从同一油层来看，其间的差别也相当大，主体部分厚几米，边缘部分只有几十厘米。注水井中，各小层的吸水能力也相差上百倍。由于各个油层之间、同一油层的不同部位之间，差异都很大，这种储层非均质性严重，要人为地达到均衡开采，是违反客观规律的！只有充分利用这种不均衡的特点，采取相应的开采措施，才能适应地下实际状况。只有因势利导，逐步强化，转移接替，才能保证油井高产。

20 世纪 70 年代初，为摸清油田高产稳产规律，王启民和其他科技人员一起住进了中区西部试验区。为搞清地下油水的每个微小变化，在 9 平方千米的试验区，在满是地层的夹缝中，在油和水之间，他们整整摸索了 10 年。随着开采程度的加深，1975 年，试验区主力油层产量下降幅度增大，油井平均含水量上升到 54%，大庆油田命运面临新考验。

王启民与他的团队采集分析了 1000 多万条数据，创造出"分层开采，接替稳产"的新模式，使水驱采收率提高了 10% 至 15%。他们不仅保持了试验区含水期的高产稳产，而且绘制出了大庆油田第一套试验区高含水期地下油水饱和度图，摸清了油水在平面和剖面上的分布情况，揭示了油田不同含水期开采的基本规律和稳产办法。

这是大庆油田第一个 5000 万吨稳产目标确立并实现的理论和实践依据。1976 年，大庆油田年产原油 5030 万吨，跨入了世界特大型油田的行列，开创了中国石油工业发展的新纪元。

1975 年冬天零下 30 多摄氏度，王启民和试验组的 4 名同志顶着北风，坚持住在工地上，搞技术攻关。房子小，只能放 3 张床，王启民就抢着睡桌子，晚上经常被冻醒。由于休息不好，加上过度劳累，他的类风湿强直性脊椎炎又加重了，腰和背疼痛难忍。他整天躬着腰，手指头也不听使唤，连鞋带都系不上。有时疼得实在忍不住了，又不能让同事分心，他就望着天上的星星一颗一颗地数。有一阵子，星星也数不成了，风湿强直性脊椎炎引起眼睛虹膜发炎，一发作起来，头痛眼也痛，直想往墙上撞。

1978 年 2 月 26 日，第五届全国人民代表大会第一次会议在北京召开。当选为全国人大代表的王启民开始参与行使国家权力。谈及当选人大代表时的情形，王启民说："人民选我当代表，我很珍惜，也让我感到肩上的担子更重了。"

此时的大庆油田，刚刚实现了年产原油超过 5000 万吨，在攻克技术难题的同时，王启民的肩上又多了一份重担。大庆油田进入高含水期，主力油层逐渐走向衰老，保持稳产的唯一办法是增加后备储量。但外围勘探成果补不上，怎么办？当时的上级领导下基层征求意见，找到王启民，问他有什么想法。

王启民提出了酝酿已久的"让差油层上阵"的意见。即利用表外储层的观点。表外储层曾经长期被当作开矿的废弃物处理，当王启民提出这些废弃物可能是有用的，可以变废为宝时，引起了一阵轩然大波。

王启民认为，一个科研工作者绝对不能没有探索精神，没有实践就没有发言权。当时，书本上、国际资料上一片空白，国内外都不把表外储层算作储量。可只要是认准的事，王启民就一定要搞清楚。

按照国际惯例，只有 0.5 米的表外储层是被判"死刑"的油层，从经济角度看国外公司绝对不会碰这些"骨头"。然而大庆油田的表外储层遍布每口井、每个油层，单独看起来很"瘦"，但上千平方千米的油田加起来不就很"肥"吗？开采这些油层，集腋成裘，积水成渊，能增加几亿吨的地质储量。王启民认为：稳产问题不大。我们有一大部分油层，就是所说的差油层，没有计算储量。这部分油层遍布油田，无处不在，潜力很大。如果采取细分层系调整技术，让它们上阵，就能够替补主力油层的自然递减。现在的关键是要采取措施进行储量复算。他详细地汇报了在试验中取得成功的区块情况，成果得到了上级领导的认可和肯定。

在刚刚开始的大庆油田高含水期"稳油控水"项目研究中，领导决定让王启民负责细分沉积相、细分层系调整和地质储量复算等几个专题研究。王启民又担起重任，和试验组的同伴一起全身心地投入新的科研攻关。他们认真研究了薄、差油层的层间矛盾、层内矛盾和平面矛盾，找出油水运动的特点，通过细分调整，确认可开采的层系，并且和储量组结合，把现场试验和室内试验结合起来，把动态与静态结合起来，对全油田地质储量进行复算，测算结果比原来的储量增加了 16 亿多吨，其中差油层储量增加了 9 亿吨。王启民还提出了开采这部分油层的方法。

王启民和同事们天天泡在油区，整整奋斗了 7 年。通过对 1500 多口油井进行地质解剖、分析，对 4 个试验区的 45 口油井进行试油、试采，对 10 口取芯井进行岩芯测定和分析，王启民等对表外储层的地质特征、潜力分布、开采条件、产能特点、挖潜效果及开发效益都有了深刻的认识，使开采试验取得了突破性进展，一举奠定了稳产的局面。

这项成果，打破了国外 0.5 米以下差油层不计算储量的传统做法，解放了人们的思想，为油田增加了后备储量。从 1980 年到 1991 年，大庆油田打加密井 12,000 多口，用差油层的产量补充了主力油层产量的下降，保证了油田的稳产。

五、科技铁人，人民楷模（1985—2024 年）

进入 20 世纪 90 年代后，大庆油田综合含水率进一步提高，要想保持 5500 万吨以上稳产，按国内外通用的办法就是加大注水量，通过提高产液量的方法来保证稳产。而这种模式势必会造成含水量上升快，地面工程大规模改造，投资剧增的局面。面对严峻的形势，王启民经过一系列的科学论证，大胆承诺："将每年含水上升率控制在 0.3% 以内，3 年不超过 1%。"他们在精细地质研究的基础上，提出了"三分一优"的结构调整方法。三分：一是全油田进行分地区结构调整；二是在各地区进行分层系结构调整；三是在各类井中，进行高低含水层分级结构调整。一优：全方位优化综合调整措施。这套方案创立了"稳油控水"新模式，使油田稳产有了可靠的科学依据，也取得了巨大的成功。

1995 年，大庆油田实现了 3 年平均含水上升率不超过 1%，5 年累计多产油 610.6 万吨，少产液 24,749 万吨，累计增收节支 150 亿元，不仅获得了显著的经济效益，还使大庆油田连续 20 年保持年产原油 5000 万吨以上稳产，这在世界同类油田开发史上是前所未有的。1996 年，"大庆油田高含水期'稳油控水'系统工程"获得了国家科学进步奖特等奖，以表彰其为大庆油田实现 27 年 5000 万吨以上高产高效持续开发做出的重要贡献。

王启民长期从事油田地质开发研究工作，凭着"宁肯把心血熬干，也要让油田稳产再高产"的英雄气概，为大庆油田保持高产稳产做出了重大贡献。他先后主持参与了 8 项重大开发试验项目、40 多项课题的科研攻关和大庆油田"七五""八五""九五"开发规划编制研究等工作，获得了"国家科学技术进步奖特等奖"等 19 项奖励，创造了巨大的经济效益。

他领导下的"高效注水开采方法"打破了当时国内外普遍采用的"温和注水"开采方式，开创了中低含水阶段油田稳产的新路子；"分层开采，接替稳产"的开发试验，使水驱采收率提高了 10% 至 15%；"大庆油田高含水期'稳油控水'系统工程"结构调整技术，创立了油田高含水后期"控液稳产"的新模式；"表外储层"开发研究成果，相当于为大庆增加了一个地质储量 7.4 亿吨的大油田；超高分子量聚合物驱新技术，实现经济效益近 3 亿元。

众多荣誉加身，王启民说："我的名字其实只是一个符号，它代表着大庆油田数以万计的科研人员。油田取得的每项成果，都需要科研人员共同协作。"

王启民的科研生涯与大庆油田独具特色的注水开发史相呼应。60 年间，在王启民主导下的油田新技术，为大庆油田增加石油储量 20 多亿吨。至此，大庆油田开采技术攀上世界独一无二的巅峰。

到了退休颐养天年年纪的王启民，仍时刻关注着油田的开发动态，各单位在油田开发上遇到什么难题，总会请他指点迷津。王启民说："只有始终保持大脑运转，思路才会清晰，想法才不会枯竭。"

王启民与家乡埭溪及母校湖州中学感情至深。2022 年 6 月，埭溪在王启民故居陈设了"'人民楷模'陈列馆"，展示王启民的先进事迹，现在已经成为多所学校和机关单位的党建教育基地、德育教育基地。

晚年他曾回到湖州，以一腔爱国之情勉励大家：

一个人，如果没有激情，吃不起苦，就什么事情都做不好。学习也要有"咬定青山不放松"的韧劲和毅力，对待各种困难，要不怕艰难、勇于尝试，还要有创新意识。而想要在创新上有所作为，就要先打好 1+1=2 的基础，更要发扬不怕吃苦、坚持不懈的"铁人精神"。只有一辈子只做一件事，脚踏实地，不受各种功利干扰，才能做出一番大事业。

2024 年 8 月 19 日，王启民在河北廊坊中石油中心医院逝世，享年 87岁。湖州以及家乡埭溪的亲友，满怀深情地参加了悼念王启民的活动。

央视新闻报道王启民事迹时说：择一事终一生，这就是劳动者的执着和气魄。

在大庆油田，王启民践行着"忠诚一辈子，奋斗一辈子，奉献一辈子"的初心。[1]

---

[1]　石油工业出版社：《改革先锋：王启民》。人民楷模王启民创作组：《人民楷模王启民》。石众：《王启民》。中共中央宣传部宣传教育局：《新时期铁人王启民》。金一鸣、高峰：《石油之子王启民》。

附文三

王启民荣誉榜

1978 年，中区西部综合措施接替稳产技术获全国科学大会奖。

1985 年，"大庆油田长期高产稳产注水技术"获国家科学技术进步奖特等奖。

1985 年，被劳动人事部授予"中青年有突出贡献的专家"称号。

1991 年，"大庆油田表外储层工业开采评价研究"获中国石油天然气总公司科技进步一等奖。

1991 年，被授予"黑龙江省特等劳动模范"称号，并被批准享受国务院政府特殊津贴。

1994 年，"大庆油田高含水后期油田开发先导性现场试验"获中国石油天然气总公司科技进步二等奖。

1995 年，"大庆油田高含水期'稳油控水'系统工程"获中国石油天然气总公司科技大会特等奖、国家科学技术进步奖特等奖。

1995 年，获"孙越崎科技教育基金"第四届能源大奖。

1995 年，获全国先进工作者（全国劳动模范）荣誉称号。

1996 年，获中国石油天然气总公司首届铁人科技成就奖金奖。

1996 年 8 月 27 日，大庆石油管理局作出"关于开展向新时期铁人王启民同志学习的决定"。

1997 年 1 月 15 日和 3 月 31 日，中国石油天然气总公司和黑龙江省委分别作出"关于开展向新时期铁人王启民同志学习的决定"。

1997 年 1 月 17 日下午，中共中央总书记江泽民、国务院总理李鹏在人民大会堂接见出席中国石油天然气总公司工作会议代表时，王启民是其中之一。

1997 年 4 月 28 日，黑龙江省人民代表大会常务委员会决定，授予王启民同志"省特等劳动模范"称号。

2001 年，"大庆油田高含水后期水驱挖潜技术研究"获中国石油天然气集团公司特等奖。

2001 年，获第 7 次李四光地质科学奖野外地质工作者奖。

2005 年，"一类油层聚合物驱油进一步提高采收率技术"获大庆油田有限责任公司特等奖。

2009 年 6 月 26 日，中共中央总书记、国家主席、中央军委主席胡锦涛到大庆油田考察。胡锦涛亲切会见了王启民等劳动模范和大庆石油系统优秀党员代表。

2009 年 9 月 10 日，王启民被中共中央组织部、中共中央宣传部评为"100 位新中国成立以来感动中国人物"。

2009 年 9 月 14 日，"双百"（"100 位为新中国成立作出突出贡献的英雄模范人物""100 位新中国成立以来感动中国人物"）座谈会在北京举行。王启民受到党和国家领导人胡锦涛、习近平、李克强等的亲切接见。

2009 年 9 月 22 日，中华全国总工会授予王启民"时代领跑者：新中国成立以来最具影响力的劳动模范"荣誉称号。

2018 年 12 月 18 日，庆祝改革开放 40 周年大会在人民大会堂举行，中共中央、国务院决定，授予100名同志"改革先锋"称号，王启民作为黑龙江省和中国石油系统唯一一位代表名列其中，接受党和国家领导人习近平等人颁发的证书和奖章。

2019年9月17日，国家主席习近平签署主席令，根据十三届全国人大常委会第十三次会议9月17日下午表决通过的全国人大常委会关于授予国家勋章和国家荣誉称号的决定，王启民荣获"人民楷模"国家荣誉称号。

2019年10月1日，王启民参加新中国成立70周年国庆阅兵典礼。

第五章

现代化治理的"埭溪经验"

习近平总书记说:"一个国家选择什么样的治理体系,是由这个国家的历史传承、文化传统、经济社会发展水平决定的,是由这个国家的人民决定的。我国今天的国家治理体系,是在我国历史传承、文化传统、经济社会发展的基础上长期发展、渐进改进、内生性演化的结果。我国国家治理体系需要改进和完善,但怎么改、怎么完善,我们要有主张、有定力。"[①]在 21 世纪的最初几年里,埭溪镇合并了乔溪乡、梅峰乡,区域总面积进一步扩充,达到了 173 平方千米。因为工业经济发展迅速,户籍人口 4 万余人,外来流动人口也达到了 3 万余人。城镇建成区面积约 5.5 平方千米。2024 年完成规上工业总产值 91 亿元,财政总收入 12 亿元,固定资产投资 48.2 亿元,一年实到外资 1811 万美元。

[①] 习近平:《在省部级主要领导干部学习贯彻十八届三中全会精神全面深化改革专题研讨班上的讲话》,《人民日报》,2014 年 2 月 17 日。

一个个瞬间定格在每一个不平凡的时刻。

改革开放 40 多年来，每一次经济腾飞和时代进步，都记录着埭溪的社会治理水平的提高。尤其是进入新时代，埭溪名列全国重点镇、湖州市重点建设的 15 个中心镇，获评国家级卫生镇、省级美丽乡村示范乡镇、省级小城镇文明行动样板镇、小城镇环境综合整治省级样板镇等荣誉。历届镇党委、政府领导秉持"一张蓝图绘到底，一任接着一任干"的精神，埭溪镇经济社会发展在整体社会治理过程中，取得了飞跃和进步。

第一节 产业链改革转型，留住绿水青山

2005年8月15日，习近平总书记到湖州市安吉县天荒坪镇余村考察时，首次提出"绿水青山就是金山银山"。20年来，埭溪镇历届党委、政府领导始终牢记总书记的殷切期盼，确立"以人为本、城乡统筹、科学发展、生态文明、合作共赢"的基本理念，在实际行动中践行"两山"理念，用鲜活的案例典范，探索出可作为理论启示、实践样板和制度经验的"埭溪模式"。

既要金山银山，也要绿水青山。

改革开放初期，湖州办起了一批劳动密集型小企业。这些企业也确实为经济发展注入了强大动力。但是，当政府惊叹于GDP的快速提升、人民欣喜于个人财富的不断增长时，大家都未曾意识到正在付出生态环境破坏的沉重代价。

从20世纪90年代开始，在埭溪的崇山峻岭中，为了经济利益，几乎户户上山，村村开矿，炮声隆隆，烟尘弥漫。开矿为贫瘠的埭溪带来了直接的经济收益，但是也留下了对环境的破坏。

21世纪初的埭溪，因为僻处山区，工业企业极少，但全镇却有30家矿场和28套机组。开矿成为埭溪经济收入和农民经济收入的主要来源。如小羊山村，全村500多户人家，90%以上都入股开矿，投资少则两三万元，多则上百万元。年底分红，人人有份，个个笑逐颜开。

各种高污染、高耗能的小企业长年累月产生大量的废水、废气、废弃物，这些污染物未经有效处理就随意排放，严重影响着埭溪的绿水青

山。在绿水青山与金山银山的抉择中，政府痛下决心，选择了"既要金山银山，也要保住绿水青山"的发展路子。

要留住绿水青山，就必须进行产业链的全面改革转型，淘汰落后产能，找到符合自身发展方向的工业产业方向，优化产业结构，推动要素高效配置。

从 2000 年开始，埭溪开始对全镇范围内的所有矿山进行整治。不符合规范的要一步步全部关停并转。在关停大量污染企业的同时，政府积极作为，优化产业结构和行业布局，扶持一批企业做大做强，实现集聚发展，改变了原来行业低、小、散状况，提升了行业污染防治和清洁生产水平，在保障生态环境安全的同时，实现了行业的健康、规范、可持续发展。经过 20 多年来坚定有力的环境整治，绿水青山已成为当地老百姓的摇钱树、聚宝盆。

埭溪在修复生态、美化环境的同时，也盘活了大量矿地，为工业平台的建设提供用地保障。多年没有人去光顾的废弃矿山，通过生态治理又重获新生，变身成为现代化的产业园区、种植基地、光伏电站、生态公园等，收获了生态与经济双重效益。

位于时尚谷杨山坞的浙江力聚热能装备股份有限公司，就建设在当年废弃的一处矿山坑内。这家荣获"国家高新技术企业"、国家级"专精特新'小巨人'"等多项荣誉称号的企业，以生产大功率超低氮燃气锅炉而知名。

20 多年来，埭溪在关停所有的矿场和机组后，对低丘缓坡与废弃矿地进行综合利用，"美妆小镇"拔地而起，汇聚了珀莱雅、韩佛、喜美恩、莱玛、威宝等来自全球的 303 家化妆品相关企业，成为全国三大化妆品集聚区之一，已成为推动埭溪经济转型升级的重要引擎。

作为湖州市"五谷丰登"（"西塞科学谷""弁山云起谷""阳山时尚谷""顾渚画溪谷""莫干论剑谷"）计划之一，2020 年以来美妆小镇被赋予了产业升级的重要使命，时尚谷重装而来，对美丽产业进行重新定位。时尚谷以打造长三角"时尚之心"为目标，吸引更多智能制造、美妆健康、设计研发、文化旅游等项目入驻，以高科技、高质量、高颜值引领时尚。

暮春时节，昔日的荒废矿坑，已经变为玫瑰种植基地，花香四溢，吸引大量游客观光打卡。在良好生态环境下生长的玫瑰又被用于制作护肤品、精油、花茶、食品等，"农文旅工"多产融合发展，极大地提升了居民收入。

当然，废弃矿山的重新利用还有很多方向和内容。如东红村就启用了光伏电板发电。电能同样能为地方带来经济收益。

埭溪镇党委书记汤雪东对于从开矿到发展产业有非常深刻的体会和思考，他说："昔日废弃矿山现在变成了'绿水青山'和致富的'金山银山'，迸发了强劲的绿色新动能。我们用十余年时间完成了美丽的蝶变。""下一步，我们将加快'两山'转化步伐，实干争先，开创未来，奋力展现更加美丽的'两山'新风景，唱响更多的埭溪新声音。"

矿产资源不可再生，绿色发展才是必由之路。

美妆全产业链在埭溪不断壮大，尤其是 2024 年，埭溪在镇党委、政府领导下，大抓项目，完成财政总收入 12 亿元，规上工业总产值 91

亿元，新增规上工业企业 10 家，固定资产投资 48.2 亿元，同比增长
38.66%。其中工业性投入 20.2 亿元；实到外资 1811 万美元，同比增长
31.2%。

埭溪，值得期待。

第二节　提升城镇品质，建设美丽乡村

古代埭溪，虽名为镇，实则就是略大的一个山间小村。因为地域所
在为交通要道经常有朝野政要经过，所以政府在这里设置巡检司衙门负
责社会治安，由此公共资源常倾斜于此。近代以来，埭溪地方大家族
如蔡氏、林氏、朱氏、胡氏等，积极投身地方公益事业，架桥、修路、
办学、抚孤恤寡、救助无辜等，埭溪镇区逐步扩大。但是直到 20 世纪
八九十年代，埭溪镇仍然不大。受限于当时的经济社会发展水平，商业
活动非常频繁，但是街道逼仄，市场管理水平落后，社会治理能力也
不强。

21 世纪以来，埭溪工业经济愈加发展迅速，对于城镇发展也有了新
的、更高的要求。优质的基础设施和公共服务是全面建成小康社会的重
要标志，也是人民对美好生活的向往的基本体现。党和政府非常关注农
村建设发展。2019 年 6 月党中央和国务院印发《关于加强和改进乡村治
理的指导意见》，明确提出，要进一步关注乡村治理，提升乡村公共服
务、公共管理、公共安全保障水平，建设出充满活力、和谐有序的乡村
社会。只有农业强、农村美、农民富，中国才会更强、更美、更富。埭

溪在建设生态文明的进程中，始终坚持这一理念，将农业、农村、农民的发展放在了突出位置，以美丽乡村建设为载体，推进公共服务均等化，不断缩小城乡差距。

埭溪党政干部走进农村一线，找准痛点、堵点问题，顺势而为，推动农村与城市在基础设施和公共服务方面的一体化。埭溪深入推动城乡交通一体化，实现联网公路建设，21世纪以来完成了各种危桥改造任务，有序推进长茅线、张关线等重点交通工程建设，为城乡发展输送人才、深化物流提供重要通道，成为城乡发展的重要动力。同时，完成西部山区的农村一体化给水工程建设，不断进行危房改造，建成了联山大社区、小羊山村社区等安置房。

大力发展美丽乡村建设是埭溪又一个亮点。美丽乡村建设是中国新时代农村发展的重要内容，旨在改善农村环境，提升农民生活质量，促进农村经济和社会的全面发展。这不仅是对农村基础设施水平和居住环境的提升，更是对农村文化传承和生态环境保护的重视。美丽乡村建设，可以有效缩小城乡差距，实现农村经济的可持续发展，提高农民的幸福感和获得感。

湖州埭溪作为美丽乡村建设的典范，其独特之处在于有效地结合了生态保护和经济发展，通过创新性的发展模式，实现了生态环境的显著改善和经济的快速增长。通过一系列生态治理措施和产业发展策略，成功地将生态优势转化为经济优势，实现了生态和经济的双赢。

10年来，埭溪的生态环境治理取得了显著的成绩。埭溪通过实施严格的环保政策和推广生态农业，成功提升了环境质量，创建了宜居的生态乡村。具体措施包括建设污水处理设施、推广垃圾分类和资源再利用、实施河道整治和生态修复工程等。共富小流域综合整治能力进一步得到增强，新增水土流失治理面积 10.77 平方千米，涵盖坡面茶园治理、河塘治理、入库口治理、河道整治及封育治理工程，实现水资源治理、保护与利用的有机结合。这些措施不仅改善了村庄的环境面貌，还提高了村民的环保意识。

从美丽乡村建设到和美乡村建设，埭溪实现了新的飞跃。

到 2025 年年初，埭溪镇聚焦和美乡村建设，累计投入 6000 万元，打造了渚影秀谷样板片区、山背精品村、茅坞历史文化村落。其中山背精品村、渚影秀谷样板片区已通过验收。

农业基础设施建设方面的成绩更加突出，埭溪不断推进联山、上强共 3500 余亩高标准农田建设。现代农业高质高效，埭溪成功创建区级未来农场，评出十佳种粮大户、十佳种养大户。埭溪的本土农业品牌也开始崭露头角。沃野生态农业荣获"2024 年度华东区太秋甜柿优质产品鉴评银奖"，咩咩羊牧业荣获"浙江省第 8 届湖羊赛羊会十大优质种羊"。

乡村旅游产业也得到了大力发展。启枫美业项目（玫瑰庄园二期）、大乐之野乡村综合体项目等纷纷入驻，计划投资金额 6.6 亿元。镇政府不断拓展产业融合发展路径，升级了工业旅游线路 3 条，2024 年共接待游客 34 万余人次，同比增长 23.07%。

通过发展特色农业、乡村旅游等产业，埭溪不仅促进了经济的多元化发展，还增加了当地居民的收入。特别是在乡村旅游方面，埭溪充分利用其丰富的自然和文化资源，吸引了大量游客，带动了相关产业的发展。

埭溪一直以来都在探索属于自己的新农村文化建设之路，全面推进新时代文明实践中心建设。全镇 20 个行政村文化礼堂实现全覆盖。同时健全文化队伍，各村建立"腰鼓队""村歌队""排舞队"等特色团队共100 余支。不断丰富文体活动，每年举办全镇春节联欢晚会、村晚、送戏下乡、流动大舞台等文艺活动，丰富群众精神文化生活。举办"吴兴埭溪杜鹃花节""美妆小镇国际玫瑰文化节""驾云山音乐帐篷节""大冲村乡村旅游节"等文化旅游活动，吸引游客百万余人。重视传统文化传承，自主编写的《吴韵山歌》《中国传统年俗》进入当地学校课堂，让本土非遗文化重新焕发光彩。推动全民健身，连续多年举办农民运动会，传承健康生活方式。联合埭溪成校组织举办太极拳、戏曲培训班，形成全民积极参与的热潮。

在文化传承与创新方面，埭溪注重保护和利用本地丰富的历史文化资源，通过修复古建筑、举办文化活动等方式，既保留了乡村的文化特色，又激发了文化的活力。埭溪提出要"以文塑街"，打造埭溪老街宋韵文化历史街区，每逢节庆时节，便在埭溪老街开展游行、书画展等活动；"以词铸魂"，承办的浙江诗词大会（2024）系列活动入选省委宣传部 2024 宋韵文化节主体活动；"以体兴文"，举办 2024 年"美妆小镇"杯第二届足球超级联赛，打造埭溪版"村超"，赋能乡村振兴；"以旅彰文"，推出短剧拍摄基地 10 家，打造"彊村悦读"全民阅读品牌。

到了 2025 年，埭溪城镇功能更加健全。美妆小镇情景商业街、文体中心、人才公寓、经开智创产业园、汇美商务中心等重点项目已经完成建设并投入运营，满足了居民品质化、多样化的生活需求。镇区实施

"微改造、精提升"行动，美妆小镇"口袋公园"、创业大道通过湖州第四批"席地而坐"城市管理品牌验收。改造提升埭溪中心医院，增加医院各类用房3000平方米，机动车位达到139个，绿化率达到30%。乡镇通过举办民俗节庆活动和传统文化讲座，传承和弘扬了乡村文化。此外，埭溪镇还通过发展文化创意产业，推动文化的创新和发展。

埭溪的成功经验显示，将文化产业与旅游产业相结合，可以有效推动农村经济的发展，同时促进文化的传承与创新。例如，埭溪通过发展乡村旅游，吸引了大量游客，带动了餐饮、住宿、购物等相关产业的发展，增加了村民的就业机会和收入来源；通过举办民俗节庆活动和传统文化讲座，传承和弘扬乡村文化；通过发展文化创意产业，推动文化的创新和发展。

埭溪的实践强调了居民参与在美丽乡村建设中的关键作用。激发居民的积极参与，可以更有效地推动项目的实施和社区的长远发展。例如，埭溪镇通过设立村民议事厅，让村民参与到村庄建设和管理的决策中来；通过开展各种形式的志愿服务活动，村民的社区归属感和责任感增强了；通过建立健全村民参与机制，村民的自治能力和社区凝聚力提升了。

埭溪镇美丽乡村建设有很多的经验和启示。

通过在生态环境治理、产业发展、文化传承与社会治理等多方面的努力，埭溪成功实现了农村的全面振兴。如：建设污水处理设施、推广垃圾分类和资源再利用、实施河道整治和生态修复工程等，改善了生态环境；发展特色农业、乡村旅游等产业，促进了经济的多元化发展，增加了村民的收入；修复古街、古建筑、举办文化活动等方式，保护和利用了本地丰富的历史文化资源；建立健全村民参与机制，提升了村民的自治能力和社区凝聚力。

通过实施有效的环保措施和推广生态农业，埭溪实现了生态环境的持续改善和经济的可持续发展；将文化产业与旅游产业相结合，有效推动了农村经济的发展，同时促进了文化的传承与创新；创新社会治理模式，提升了公共服务的质量和效率，增强了村民的幸福感和归属感；激发村民的积极参与，更有效地推动了项目的实施和社区的长远发展。

第三节　倡导绿色生活，推进共建共享共富

习近平总书记曾说："我们应该追求热爱自然情怀。'取之有度，用之有节'，是生态文明的真谛。我们要倡导简约适度、绿色低碳的生活方式，拒绝奢华和浪费，形成文明健康的生活风尚。要倡导环保意识、生态意识，构建全社会共同参与的环境治理体系，让生态环保思想成为社会生活中的主流文化。要倡导尊重自然、爱护自然的绿色价值观念，让天蓝地绿水清深入人心，形成深刻的人文情怀。"[①]

倡导绿色生活，意义重大。良好的生态环境是最普惠的民生福祉，倡导绿色生活有助于提高人民的生活质量和幸福感。绿色生活理念与中华传统文化中的"天人合一"等思想相契合，因此倡导绿色生活也是对

---

① 习近平：《共谋绿色生活，共建美丽家园》，《人民日报》，2009 年 4 月 20 日。

中华优秀传统文化的传承和弘扬。同时，也可以推动中国式现代化建设在基层落地落实。绿色低碳生活方式是人与自然和谐共生的中国式现代化的重要特征，有助于促进生产方式的绿色转型。

要推进共建共享共富，就要发展绿色产业，促进生态产业化与产业生态化，推动传统产业绿色转型升级，培育壮大战略性新兴产业，为共同富裕奠定物质基础。同时推动绿色技术创新，加大绿色技术研发和推广力度，提高生产效率，缩小地区差距，促进绿色发展。当然也要完善生态补偿、绿色金融等制度，保障生态环境权益，引导社会资金投向生态环保领域。树立绿色发展理念，倡导简约适度、绿色低碳的生活方式，形成全社会共同参与的良好氛围。

坚持以人为本，关注民生，服务和谐社会建设，球溪在生态文明建设、推进共建共享共富上下足了功夫。

以民为本、不断满足人民群众的期待既是生态文明建设的出发点，也是生态文明建设的根本目的。球溪镇政府在建设过程中始终把人民群众的根本利益放在首位，树立群众观点，反映群众愿望，站在群众的立场上把握和处理生态文明建设涉及的重大问题，在工作的各方面、各环节都做到尊重人民群众的意愿，把生态文明建设的主动权交到广大人民群众手上，尊重民意、维护民利、依靠民资、强化民管，通过各式各样的活动来充分调动和发挥人民群众的积极性和主动性，让绿色生活理念真正融入人民生活，推动"绿色球溪"的共建共享，这使球溪镇的生态文明建设在20多年来取得了显著的成效。

球溪的生态文明建设取得了显著成效，也与多年来积极引入国际先进生态理念，挖掘培育具有地域特色的生态文化，积极倡导绿色、低碳的生活和消费方式，努力在全社会形成良好的生态环保风尚紧密相关。镇政府弘扬生态文化，动员广大群众自觉参与生态文明建设，全镇上下也积极响应，努力践行健康、环保、绿色的行为方式。随着一系列绿色生活的活动持续广泛推开，绿色消费、低碳生活理念深入人心，埭溪人开始将生态文明的理念转变为实际行动，体现在日常的生产生活中。

2019年7月，埭溪环卫部门联合小羊山村开展了"小手拉大手，垃圾分类齐动手"活动，邀请村里的孩子一起参与学习、宣传和监督垃圾分类工作，在充实孩子们暑期生活的同时，也使村民加深了解垃圾分类的意义和做法，倡导更多居民参与垃圾分类工作，进一步让其树立生态环保意识，践行绿色生活方式，做到自觉分类、精准分类。

经过多年的努力，埭溪的生态文明建设已经在全市走在前列。2024年已圆满完成第三轮中央生态环境保护督察整改任务，上强化工园区省级"污水零直排区"星级园区通过省级验收。同时扎实开展大气污染防治攻坚行动，推进6家涉气化工企业提标改造，完成29家中小微企业废气处理活性炭纳入集中再生服务体系建设。镇域范围实施"五美"环境综合整治提升行动，每年通过"专班督查+片区巡察+交叉检查"模式，巡察点位500余处，整改问题300余个。

埭溪持续开展全域美丽综合整治集中行动，强化人居环境长效管理。镇制订实施《埭溪镇饮用水水源地环境保护专项行动工作方案》，完成老虎潭水库上游23个老化终端升级改造，有效化解2282户农户生活污水排放难题，水库水质常年保持在Ⅱ类以上。

蔚蓝明净的天空，温润清洁的空气，纯净甘洌的水源，这一系列绿色发展的成果最直接的受益者就是当地的人民群众及周边的城市居民。

堘溪人在享受到生态文明建设带来的美好生活的同时，还借着这股东风，努力加快推动美丽乡村建设向美丽乡村经营转变，推动了农家乐、民俗经济和乡村旅游等新业态蓬勃发展，拓宽了农民增收致富渠道，让美丽生态真正转变为实实在在的美丽经济，让百姓在生态建设的过程中获得效益，使生态建设成为百姓的自发行为和自觉行动。

第六章

美妆小镇与时尚谷的未来

距离法国格拉斯小镇 2 万千米的浙江湖州埭溪，一个在青山绿水中孕育的美妆小镇正在集聚化妆品产业巨变的能量。随着产业链的延伸和集聚发展，美妆逐渐成为埭溪的支柱产业。

第一节 美妆小镇的历史渊源与现实背景

一、历史渊源

埭溪西南倚莫干山，东临东苕溪，植被丰茂，丘陵起伏，是湖州早期人类文明发展的盛区。这座历史悠久的江南古镇历经秦汉的沧桑、六朝的风风雨雨，唐宋的辉煌，明清的千回百折，积累了大量宝贵的文化遗产，其美也流传了千年。

（一）诗词之美

埭溪之美，美在诗词。

埭溪诗词是古代文学的瑰宝。其中，从隋唐诗人李百药、高智周、钱起、郎士元到白居易，诗词美得令人心醉，流淌在历史的长河中，汇于广阔的文学大海。由清末埭溪上强村词人朱祖谋编订的词选本《词莂》更是其中一朵美丽的浪花，有"清代最美的词"之赞誉。

（二）海棠之美

埭溪之美，美在海棠。

埭溪所在地曾是闻名江南的海棠花产地。千年以前，当时还名为"海红"的西府海棠就被记载于南宋时编定的嘉泰《吴兴志》——《统记》云："（海红）生上强，一名海蔷薇。"[1]它性高傲，多开在高梢，挺立于春风中。其花盛开之后，会由美丽的胭脂红褪为淡粉，再为粉白，花姿潇洒，花开似锦，自古以来便是雅俗共赏的名花，素有"花贵妃""花中神仙"之称。在湖州做过知州的一代大文豪苏东坡也为其倾倒，有"只

---

[1] 谈钥：《吴兴志》卷20，第19页a。

恐夜深花睡去，故烧高烛照红妆"①之千古名句流传在世。宋代杨万里也曾云："竞艳争娇最是他，教人嫌少不嫌多。初酣晓日红千滴，晚笑东风淡一涡。自是花中无国色，非关格外占春窠。开时悭为渠侬醉，却恨飘零可若何。"②由此可见，千年之前，开满美丽海红的埭溪就令无数文人墨客流连忘返。那时，埭溪便与美结下不解之缘。

（三）玫瑰之美

埭溪之美，美在玫瑰。

从明代万历年间（1573—1620 年）的《湖州府志》到清代康熙年间（1661—1722 年）《归安县志》、光绪年间的《归安县志》中均有埭溪产玫瑰花的记载。且据光绪《归安县志》可知，在清末光绪时，埭溪这一带可能就有人以种植玫瑰花为业了。

美，是埭溪"祖传"的标签。如今的埭溪以美妆产业为特色，打造美妆小镇，不正与这美的历史一脉相承，将这千年之美延续下去了吗？

二、现实背景

美妆小镇的建设不仅有深厚的历史渊源，更有一定的现实背景。近几年，创建特色小镇的项目在浙江乃至全国范围内如火如荼地展开，国家及各省、区、市政府相继出台相关政策文件，支持特色小镇建设。埭溪也不甘落后，抓住这一改革发展的契机，摆脱对传统制造业路径的依赖，以美妆产业为依托，秉持"产业高地、时尚园区、特色小镇"的发展主题，致力于打造国内化妆品行业综合性、创新型产业基地标杆，并

---

① 苏轼，王文诰：《苏轼诗集》，第 1187 页。
② 杨万里，辛更儒：《杨万里集笺校》，第 1601 页。

持续建设使之成长为全球化妆品行业的产业高地和重要风向标。

（一）政策背景

浙江省的特色小镇先于全国开始建设，2015 年 1 月，浙江省正式提出"特色小镇"的概念，并于同年 4 月率先出台《浙江省人民政府关于加快特色小镇规划建设的指导意见》，预计在 3 年内投资 5000 亿元，重点培育和规划建设 100 个左右的特色小镇。特色小镇是一个在功能上依托于城市市区服务配套，但在地理位置上又相对独立，按照创新、协调、绿色、开放、共享的新发展理念，融合生产、生活、生态功能，集成产业高端要素，形成"产、城、人、文"四位一体的创新创业发展平台。[①]

从 2016 年起，特色小镇按照"宽进严出、分类分批"的原则有序建立，在浙江省落地生根、发芽开花。2019 年，浙江省的特色小镇以占全省 1.8% 的建设用地，创造了 7.9% 的工业产出，贡献了 7.0% 的税收收入。截至目前，浙江省已形成了 22 个命名小镇、110 个创建小镇、62 个培育小镇的推进格局。特色小镇已经成为浙江省产业转型升级的主阵地，有力推动了浙江省经济社会的改革发展。

特色小镇不仅仅是浙江命题，更是中国命题。

2023 年 5 月，习近平强调："因地制宜发展小城镇，促进特色小镇规范健康发展。"[②]2016 年，特色小镇上升为国家战略，国家发展改革委结合"十三五"规划和新型城镇化建设，会同有关部门，就发展特色小

① 李明超、钱冲：《特色小镇发展模式何以成功：浙江经验解读》，《中共杭州市委党校学报》（2018.1），第 31—37 页。

② 《着眼全国大局发挥自身优势明确主攻方向 奋力谱写中国式现代化建设的陕西篇章》，《人民日报》，2023 年 5 月 18 日。

镇开展了一系列工作，从政策引导、产业培育、资金支撑等方面均给予
扶持。2016 年 7 月，住房和城乡建设部、国家发展改革委、财政部联合
发文，在全国开展特色小镇培育工作，计划到 2020 年扶持培育 1000 个
左右各具特色、富有活力的休闲旅游、商贸物流、现代制造、教育科技、
传统文化、美丽宜居等特色小镇，引领带动全国小城镇建设。[①]2016 年
10 月住房和城乡建设部公布了第一批中国特色小镇，同月，国家发展改
革委也发布了《关于加快美丽特色小（城）镇建设的指导意见》。2018
年 8 月，国家发展改革委又发布了《国家发展改革委办公厅关于建立特
色小镇和特色小城镇高质量发展机制的通知》，对特色小镇和特色小城镇
高质量发展提出了总体要求。

致力于打造美妆小镇的埭溪镇就是在这样的国家及浙江省的政策背
景下慢慢发展起来的。2016 年美妆小镇就获批浙江省第二批特色小镇，
并被评为全省十大示范特色小镇和全省行业标杆特色小镇，是为数不多
同时获得这两个头衔的特色小镇。[②]

（二）产业背景

美妆小镇坐落在埭溪镇是有一定的产业背景的，其建设和发展与中
国本土化妆品企业珀莱雅密不可分。早在 2006 年，珀莱雅就被埭溪镇优
越的地理位置、优美的环境和优质的水源等条件所吸引，在园区买地建
厂，将生产基地落在此处。2009 年珀莱雅投入运营，并带来了四家化妆
品配套企业，埭溪镇的化妆品产业初具雏形。经过几年发展，珀莱雅已

[①] 张吉福：《特色小镇建设路径与模式：以山西省大同市为例》，《中国农业资源与区划》
（2017.38），第 145—151 页。

[②] 陈越、万纯：《平台呼唤"雁归来"：浙商回归的湖州实践》，《浙江经济》（2017.7），第 32—33 页。

成为集产品开发、生产、销售于一体的世界知名化妆品公司，建成了国际一流的花园式化妆品工业基地。[1]不仅如此，当时的埭溪镇已形成以珀莱雅、美诺日化等企业为龙头，楚成、华田、合盛等配套企业为辅助的化妆品产业链。2015年，湖州市吴兴区政府抓住建设特色小镇的机遇，以原有的化妆品产业为基础，并借力珀莱雅的董事长侯军呈，与周边美妆企业、美妆行业协会协作，共同打造出美妆小镇。

美妆小镇在构建化妆品全产业链的同时，充分挖掘产品文化内涵，结合当地深厚历史文化底蕴以及良好自然生态环境，融入文化、时尚、休闲、旅游等元素，突出"产、城、人、文"的有机融合，通过特色塑造、魅力展现和品牌推广，将美妆小镇打造成美妆产业集聚中心、美妆文化体验中心、时尚美妆博览中心、美妆人才技术中心。

第二节　美妆小镇的建设模式

一、以"两山"理念为指导，践行绿色发展模式

2005年，习近平在浙江省湖州市首次提出"绿水青山就是金山银山"。10年来，湖州市广大干部群众始终牢记总书记的嘱托，确立"以人为本、城乡统筹、科学发展、生态文明、合作共赢"的基本理念，在实际行动中践行"两山"理念，用鲜活的案例典范，初步探索出具有理论启示、实践样板和制度经验的绿色发展与生态文明建设"湖州模式"。

---

[1]　王松、朱晨斓、陈海盛：《特色小镇：从法国格拉斯小镇到中国美妆小镇》，《中国经贸导刊（理论版）》（2017.26），第44—45页。

埭溪镇在发展过程中紧跟湖州市绿色发展的步伐，选择了既要金山银山也要绿水青山的发展路子。[①]

其一，坚持理念引领。美妆小镇深刻把握习近平总书记"两山"理念的深刻内涵，将绿色发展理念融入经济社会发展的全过程，用观念转变推动发展方式转型，增强绿水青山向金山银山转化的吸引力，不断提高绿水青山向金山银山转化的成色度，不断深化绿水青山向金山银山转化的实效性。在关停大量重污染企业的同时，埭溪镇政府积极作为，优化产业结构和行业布局，扶持一批企业做大做强，实现集聚发展，改变了原来行业低、小、散的状况，提升了行业污染防治和清洁生产水平，在保障生态环境安全的同时实现了美妆行业的健康、规范、可持续发展。

其二，创新工作机制。深化干部生态文明理念教育，埭溪通过开展专题培训、开设专题讲座、组织专题调研，强化生态文明建设的骨干力量，推动领导干部生态文明建设理念和能力的重点提升。同时创新干部考核机制，牢固树立生态政绩观。依据生态环境的特点优化产业布局、调整产业结构、制定产业政策，引导相关企业生产、经营策略和发展方向，并探索建立符合绿色GDP要求和体现和谐社会建设理念的干部政绩考核制度。埭溪把生态文明建设作为领导班子考核的重要方面，把服务生态文明建设作为领导干部实绩考核的重要内容，具有重要的科学价值和示范意义。

其三，落实顶层设计。从2016年破土动工，经过近10年时间推进，美妆小镇目前已累计引进化妆品相关企业303家，集聚了来自韩国、法

---

① 赵建军、郑琦、马丽等：《湖州在绿色发展中先行》，《学习时报》，2016年4月5日。

国、德国、意大利、英国、澳大利亚等全球多个国家的美妆项目，成为推动当地经济转型升级的重要引擎。

鲜有人知的是，这个芳香四溢、风景如画的美妆小镇，曾经是另一番模样：矿机轰轰响，环境日渐脏。2000年以前的埭溪，共有30家矿场和28套机组，采矿业是埭溪的一项大的收入来源。着眼长远后，站在十字路口的埭溪做出了重要的决断：还子孙后代一个良好的生活环境。从2000年起，该镇开始陆续关停所有的矿场和机组，并投入1.2亿元进行治理，在修复生态、美化环境的同时，盘活大量土地，为该镇工业平台的建设提供用地保障。在这期间，通过对废弃矿山的集中整治，保护绿水青山，埭溪重现昔日美好。

良好的生态环境，也吸引了一大批企业投资者，在这青山绿水中，埭溪大手笔规划建起了美丽工厂。随即，美妆小镇的轮廓逐渐显现，越来越多的企业入驻其中。

在绿水青山环绕的埭溪，人们认识到优越的自然环境是美妆企业赖以生存的根基。因此，以珀莱雅为首的美妆品牌决定走绿色工厂之路。例如，在研发和制造阶段减少化学污染、动物实验和废料排放。积极使用环保材料和绿色能源，利用先进技术管理和解决环境问题。此外，美妆企业还利用环保技术改善全产业链的每一个环节。珀莱雅与当地物流公司合作，共同建立供应链试验基地，用以开发和实施低碳环保的运输机制，推广自动化供应链系统和电动车运输。珀莱雅可持续生产的核心是减少损耗。制造和分销中心严格管控大气污染、废料排放和水资源循环利用，通过绿色环保的智能技术，减少全产业链浪费和污染现象。

二、根植美妆产业，引导特色小镇定位

自特色小镇项目建设以来，全国各地响应国家号召，掀起发展特色小镇的热潮，众多特色小镇应运而生。同时这些小镇也暴露出没有特色、千镇一面等问题。产业选择决定小镇未来，特色小镇建设是区域产业集聚的3.0版本，没有主导的特色产业，就不能称之为特色小镇。建设特色小镇应当紧扣产业升级趋势，全力主攻最有基础、最有优势的特色产业，坚持"产镇融合"发展，努力做到"以产立镇、以产兴镇、以产聚人"。[①]埭溪基于深厚的历史文化底蕴及优越的自然地理优势，结合产业背景和自身特色，准确定位，以美妆产业为依托，成功打造产业"特而强"、功能"聚而合"、形态"小而美"、机制"新而活"的美妆小镇。到了2024年年底，美妆小镇已引进化妆品产业相关项目303个，涵盖了从化妆品原料种植、研发、生产、包装、物流、仓储、线上线下销售以及与美妆相关的文化旅游项目在内的化妆品全产业链。

埭溪搭建了一个中国与世界化妆品行业交流与合作的平台，在讲好中国"美丽故事"的同时，弘扬中国"美丽文化"，为中国化妆品行业走向世界做出积极贡献。美妆小镇以打造世界级中国化妆品产业集聚地为建设目标，规划未来将建成年产值达4000亿元、聚集全球化妆品产业链顶尖企业的标杆基地，从而实现化妆品产业在中国的全面提升，帮助中国化妆品产业形成全球竞争优势。在政府、行业、社会各方的共同努力下，中国化妆品行业赶超世界领先水平的梦想，将通过美妆小镇这一载体的建设逐渐成为现实。

---

① 吴兴：《全力打造特色小镇》，《政策瞭望》（2017.3），第32—33页。

三、以绿色为特色，向美而生

2015 年埭溪在开始筹建美妆小镇时，便坚持生产、生态、生活"三生融合"及产业、文化、旅游、社区"四位一体"的发展理念，将"两山"理念贯彻落实其中。走进珀莱雅生产基地，一股芬芳萦绕鼻尖，在多条自动化生产线开足马力的同时，污水处理系统、水循环系统、绿色节能环保锅炉房等多个环保节能系统也在全力运转，让整个厂区犹如花园。珀莱雅逐渐向"资源节约型和环境友好型"世界级化妆品工厂靠拢，而绿色工厂也让珀莱雅的品牌竞争力越来越强，社会认可度越来越高。

在坚定践行绿色发展理念的同时，珀莱雅也积极呼吁美妆同行加入发展绿色美妆产业。总投资 1.55 亿元的湖州御梵化妆品科技有限公司在落户埭溪前，原本是一家在江苏的企业，如今成了美妆小镇"大家庭"里的一员。公司董事长张爱东直言："当初是被这里的全产业链平台及身处长三角中心的区位优势所吸引，来到后发现这个地方果然完全符合我们企业生产的预期，符合制造香水的标准。这里的山水还有环境，更加坚定了我们的发展信心。"张爱东认为，一个好的生态环境，能让化妆品企业有更强的底气。

2020 年 7 月 9 日，第 25 届中国美容博览会在上海开幕，美妆小镇管委会成员如约前往。在展位上，凡是有客商前来洽谈，时任美妆小镇管委会主任的茅利荣都会给客商讲一讲这里的绿水青山和生态环境。所有入驻美妆小镇的企业都签署了美妆小镇《美丽公约》，该公约以"守法、公平、诚信、创新、可持续发展"为基本原则，对时尚提出更高的要求，助力美妆小镇成为国内最具生态绿色特征的化妆品生产基地，发挥集聚效应。

四、深化合作，拓宽渠道

项目是特色小镇的支撑，美妆小镇锁定重点产业，积极搭建招商平台，拓展国际、国内两个市场，拓宽线上、线下两个渠道，不断提升小镇在各级层面的品牌影响力，吸引更多"大好高"项目入驻。近年来，美妆小镇共接待了几百批次贵客前来考察指导洽谈，引进了几十个重点项目，走遍了法国、德国、意大利、韩国等化妆品产业发达的国家，在法国巴黎、韩国首尔等召开了多场招商发布会，并与法国的格拉斯小镇、普罗旺斯小镇和韩国乌山市等国外多个城市的政府部门及相关机构签订了战略合作协议。[①] 2015 年 10 月，埭溪美妆企业赴法国参加"中国好产品巴黎峰会"，举办美妆小镇全球首次新闻发布会，并邀请国内化妆品行业 13 位领军人物参加"首届化妆品行业领袖峰会"，在业界取得较大反响。后又多次亮相卢浮宫化妆品综合展会，成为社会各界关注的焦点。[②] 不仅如此，玫瑰庄园还紧跟时代潮流，拓宽销售渠道。每当夜幕降临，在埭溪玫瑰庄园，"玫瑰兄弟"就会上线"吆喝"，通过直播平台，向网友介绍和售卖庄园的产品。玫瑰庄园品牌运营主管汪洋介绍："基本上每场直播都会有上万人来观看，不少人也会下单购买我们的产品，最近直播效果非常不错，粉丝涨了很多，产品销售也多了路子。"

2020 年 7 月 9 日，第 25 届中国美容博览会在上海新国际博览中心

---

① 郭丽：《2019—2020 中国化妆品特色产业集群深度解读：以美妆小镇、东方美谷、铁定溜溜项目为例》，《中国化妆品》（2020.1），第 72—77 页。

② 吴兴：《全力打造特色小镇》，《政策瞭望》（2017.3），第 32—33 页。

（浦东）举办。美妆小镇再掀热潮，所在展位成为现场极具代表性的一道亮丽风景线，一如既往地吸引了众多参展客户的驻足，更有不少国内外客商慕名前来现场参观、咨询合作。美妆小镇在展出合作企业产品的同时，还展出了到中国寻找供应链、寻找销售平台的国际化妆品企业的产品。这意味着，在运营策略上，美妆小镇在提供供应链服务上变得更加深入。

美妆小镇这颗新星正在冉冉升起，千亿产业蓄势待发，美妆小镇正以全新的姿态开启中国化妆品的新篇章。[①]

五、打造化妆品全产业链

美妆小镇总体构建"一核三区"的空间格局。"一核"即化妆品产业核心，重点规划化妆品生产及配套企业，包括产品（护肤、彩妆、香水、其他配套）、装备、原料生产企业，分组团布置，物业形式满足大中小各型企业的不同需要。"三区"包括：产业服务区——代表驱动力和形象门户，集聚商务、研发、检测、展示交易中心、人才公寓等；旅游休闲区——以打造 AAA 级风景区为目标，利用现状山体和局部矿山遗址，重点规划香料植物园、化妆品博物馆、旅游透明工厂等景点；创意体验区——依托南侧水系构造水岸秀场、美妆休闲湾、大师工作室以及酒店、会议中心等特色空间。从产业规划布局可以看出，美妆小镇是一个产业特色鲜明，一、二、三产业融合，多种功能叠加，形态、业态、生态相

---

① 《第25届中国美容博览会举办：美妆小镇再掀热潮》，《中国化妆品》（2020.8），第124页。

统一的复合型时尚小镇。^①

埭溪美妆小镇从 2015 年启动以来，在政府、化妆品行业协会和社会各界的共同推动下，在园区基础设施、产业引进项目、城镇配套建设以及形象宣传等各方面，都取得了有目共睹的良好成绩。目前美妆小镇已集聚国内外 303 家化妆品生产及配套企业。

美妆小镇在延长产业链的道路上不断创新，将美妆与旅游结合起来，有序推进重点旅游项目，如 2018 年埭溪镇成功举办"吴兴埭溪首届杜鹃花节""美妆小镇第一届国际玫瑰文化节""驾云山音乐帐篷节"等 30 余场旅游节庆活动，接待游客 40 余万人次，同比增长 17.5%，打响埭溪旅游品牌，带动全镇走上生态振兴道路。成功打造驾云山庄省级中医药养生基地、老虎潭研学营市级中小学生研学基地。以大冲村为代表的乡村旅游目的地迅速崛起，通过举办年猪饭、春笋宴、古道游等特色民俗活动，增加集体经济经营性收入。

第三节　实践公私合作模式，注重市场化运作

PPP（Public Private Partnership）模式，即政府和社会资本合作的模式，该模式在中国产业发展中具有重要作用，将是中国在未来经济发展的过程中促投资、稳增长的重要手段。PPP模式和特色小镇碰撞在一起，既缓解了政府的财政压力，又拓展了社会资本的生存获利空间，为特色

---

① 王松、朱晨斓、陈海盛：《特色小镇：从法国格拉斯小镇到中国美妆小镇》，《中国经贸导刊（理论版）》（2017.26），第 44—45 页。

小镇的产业发展注入了新的活力。[①]

美妆小镇基于PPP模式，探索了具有本地特色的"政府引导、企业主体、市场化运作"的方式，形成了"公司+基金+政府"的运作模式，合力落实"政—产—融—网"的建设战略，即"在政府支持的基础上，以产业为主导，以资本为助力，紧密结合互联网元素"[②]。该模式本质上是对特定空间内各类生产要素、制度要素、文化要素的重新整合和高效利用，是对政企关系、政社关系的一次重新定义，为企业和市场在特色小镇建设中占主导地位去除了行政束缚。[③]让市场机制决定资源配置，真正实现政府主导、企业主体、市场化运作。

（一）政府主导

政府的主要作用在于引导、规范和服务，政府要做好顶层设计，坚持规划先行的原则，确保规划的整体性和前瞻性，统筹推进。政府要厘清发展思路，把控正确方向，整合各类资源，突出小镇特色。

在产业发展方面，吴兴区政府实行"定制"服务，建立特色小镇，推进联席会议制度，帮助企业解决自身无法解决的困难和问题。吴兴区制定出台了《吴兴区关于加快特色小镇规划建设的实施意见》等文件，实施"期权激励制"，对于发展较好的特色小镇给予奖励。比如：在资金方面，明确将特色小镇新增财政收入上交区财政部分，前三年全额返还，

① 王秋辉：《"PPP+"特色小镇：PPP模式在特色小镇建设中的研究》，《知识经济》（2017.12），第8—9页。

② 王松、朱晨斓、陈海盛：《特色小镇：从法国格拉斯小镇到中国美妆小镇》，《中国经贸导刊（理论版）》（2017.26），第44—45页。

③ 郁建兴、张蔚文、高翔等：《浙江省特色小镇建设的基本经验与未来》，《浙江社会科学》（2017.6），第143页、第150页、第154页、第160页。

后两年返还一半给特色小镇所在乡镇；在用地方面，明确在落实省、市相关政策意见外，特色小镇新增建设用地指标由吴兴区统一提供保障。[①] 埭溪镇政府也提供了建设用地政策、相关优惠政策等，全程为入驻企业代理有关审批工作，提供协助进行项目建设等相关服务。[②] 埭溪镇紧紧把握"美妆小镇提质行动"被提升为全区八大重点工作的契机，实现政府、平台公司、产业公司统一政策、三方协议、多方招商，明确产业，固定奖励，强化考核，进行"精准招商"。坚持"一把手"带头招商，组建"政府招商"和"产业招商"两支专业团队，常驻长三角、珠三角等地，多次赴外招商，拜访、接待客商，精准锁定全产业链，引进新项目。严格落实班子成员项目领办包干机制，通过例会制、"最多跑一次"、深化"三服务"（服务企业、服务群众、服务基层）等形式，强化项目精细化管理。一切围绕产业转，一切聚焦项目干，美妆小镇正不断焕发新的生命力。

在小镇规划方面，政府应做好制度建设、服务管理等工作，创造业态环境，坚持完善便捷的原则，建立健全公共基础设施，提供优质公共服务。在此基础上，政府部门按照全面提升、不留死角的要求，注重基础提升和长效管理。锁定官泽村、小羊山村等重点区域，进行了拆除旧房、坟墓搬迁等工作，狠抓征迁清零。立足打造"万亩大平台"目标，对杨山坞、临港等区域进行了扩容提质：加速推进杨山坞区域"两横一纵"道路建设，完成路基、管网工程施工；临港区域以临港大道、临港东路、临港

---

① 吴兴：《全力打造特色小镇》，《政策瞭望》（2017.3），第 32—33 页。

② 王松、朱晨斓、陈海盛：《特色小镇：从法国格拉斯小镇到中国美妆小镇》，《中国经贸导刊（理论版）》（2017.26），第 44—45 页。

一路、临港二路等四条道路拉开框架，打通了美妆小镇交通网络。全面启动科技孵化园、美妆科创中心两大产业平台，围绕美妆配套，着力招引文化创意、品牌设计、电子营销等产业企业及项目，不断完善美妆全产业链。㘵溪镇为进一步改善小镇面貌，出台并实施《㘵溪镇"全域美丽"长效管理办法》，大力推进农村人居环境提升。开展百日攻坚行动，建立机关干部每周集中夜巡机制，推进城乡环境治理。新增、优化公交线路，逐渐建成多个港湾式公交停靠站，实现镇区、园区、村的公交通行全覆盖。从公共设施配套到生态环境，美妆小镇生动演绎美丽嬗变。

（二）企业主体

特色小镇成功与否，关键在于企业是否有动力。美妆小镇以 PPP 模式为抓手，加大政府与企业合作的力度，鼓励私人企业、民营资本与政府合作，参与公共基础设施的建设，为小镇建设及时填补资金缺口。[①]美妆小镇坚持以企业为主体，积极引入各类有实力的企业入驻，发挥龙头企业在建设中的关键作用。美妆小镇成立了化妆品产业（湖州）投资发展有限公司，负责招商引资和各功能区管理，深挖行业龙头企业的"人脉资源"，聘请了 12 位行业专家助力小镇建设。吴兴区政府和化妆品产业（湖州）投资发展有限公司为了支持中小微化妆品企业的发展，共同设立了 3 亿元的产业基金，为投资者提供良好保障。[②]美妆小镇还建立了中国化妆品生产基地。

近几年，浙江启动的"浙商回归"项目呈现平稳较快增长态势，具

① 李明超、钱冲：《特色小镇发展模式何以成功：浙江经验解读》，《中共杭州市委党校学报》（2018.1），第 31—37 页。
② 陈越、万莼：《平台呼唤"雁归来"：浙商回归的湖州实践》，《浙江经济》（2017.7），第 32—33 页。

有良好发展前景的美妆小镇成为吸引浙商回归的新高地。美妆小镇不仅招引了很多外省企业，还积极搭建外资企业赴华投资的平台，形成了浙商回归的"n次方"，目前已引进众多项目和龙头企业，基本建立起小镇的领军企业群。在美妆小镇建设之初，坚持做中国品牌的珀莱雅董事长侯军呈便一直跟进，他希望与政府合作，致力于打造出走向中国的美妆小镇。在政府和企业的合力推进之下，小镇紧紧围绕加快打造美妆全产业链这一核心任务，不遗余力地推进建设，成果显著。[1]

（三）市场化运作

政府主导并不意味着政府要提供"保姆式"的服务。《国家新型城镇化规划（2021—2035）》提出，要正确处理政府和市场关系，更加尊重市场规律，坚持使市场在资源配置中起决定性作用。[2]政府不能大包大揽，要把握好度，在市场力有不逮的领域培育、扶持市场主体，在市场力所难及的领域提供公共服务，在市场容易失范的领域及时引导、规范。[3]

美妆小镇在建设过程中坚持政府引导、企业主体、市场化运作，充分尊重了市场机制的导向作用，尊重了产业发展的"物竞天择"规律，减少了对产业发展的行政干预，实现了以政府审批权力的"减法"去换市场活力的"加法"。[4]这种做法既凸显了企业的主体地位，充分发挥了企业在美妆小镇建设中的主力军作用及市场在资源配置中的决定性作

① 陈越、万莼：《平台呼唤"雁归来"：浙商回归的湖州实践》，《浙江经济》（2017.7），第32—33页。
② 苏斯彬、张旭亮：《浙江特色小镇在新型城镇化中的实践模式探析》，《宏观经济管理》（2016.10），第73—75页、第80页。
③ 郁建兴、张蔚文、高翔等：《浙江省特色小镇建设的基本经验与未来》，《浙江社会科学》（2017.6），第143页、第150页、第154页、第160页。
④ 郁建兴、张蔚文、高翔等：《浙江省特色小镇建设的基本经验与未来》，《浙江社会科学》（2017.6），第143页、第150页、第154页、第160页。

用，又加强了政府引导和服务保障，时刻体现民本、共建、服务的精髓，在规划编制、基础设施配套、资源要素保障、文化内涵挖掘传承、生态环境保护等方面更好发挥作用，利用"互联网＋管理"和"互联网＋服务"，形成更加灵活、符合市场规律、契合创业需求的政策和服务体系。同时，亦提升了小镇居民参与社区自治的水平，以保障美妆小镇独特的精神气质与文化韵味。[①]

第四节　坚持创新驱动发展，转换经济发展方式

中国美妆小镇定位于时尚美妆产业，其建设样本是著名的香水之都——法国格拉斯小镇。美妆小镇的目标是世界级的，承担着振兴化妆品民族品牌的重任，而要振兴就必然要聚焦创新的推动和发展方式的转变。

一、优化产业结构，加快转型升级

美妆小镇通过技术的提高促进产业结构自身的调整与优化，通过对污染物的资源化处理使排污量降低，治污成本减少，提高经济效益，实现生态投资的良性循环发展。小镇内的美妆企业实行清洁生产，努力做好污染控制和废物资源化工作，将企业的技术创新活动与清洁生产紧密联系起来，达到"节能、降耗、减污、增效"的效果，实现经济效益和生态效益的双赢。美妆小镇的发展深切考虑资源生态环境成本，按照提

---

① 苏斯彬、张旭亮：《浙江特色小镇在新型城镇化中的实践模式探析》，《宏观经济管理》（2016.10），第73—75页、第80页。

升产业生态效益的标准对现有产业体系进行重新设计和安排，引导中小企业走"专、精、特、新"的发展路子，提高产业配套水平，促进产业集群化发展。企业通过优化原料和产品的结构与布局，实现原料和产品结构、布局的低碳化、循环化、高效化等战略性调整。

美妆小镇在原有产业的基础上加快转型升级。依托"公司＋基金＋政府"的运作模式，引进高端化妆品产业及配套项目，并以化妆品产业为核心，开拓打造产业服务区、旅游休闲区和创意体验区的空间布局。充分利用良好的生态资源优势，结合美妆产业链延伸，整合生态资源、古道文化、美妆元素，丰富美妆小镇的旅游文化内涵，重点推进美妆博物馆、玫瑰庄园、太一道生等文旅产业项目建设，加快以美妆为主要特色的全域旅游发展。

美妆小镇成功创建工业特色型美丽城镇省级样板镇，并在此基础上，进一步提升城镇品质，全力引进高新技术产业，助推埭溪美妆产业业态再升级，目标是到 2035 年建设成为全省工业特色型美丽城镇的典型范式，形成美妆时尚、美好生活、美丽埭溪的特色品牌效应。

二、深化开放合作，坚持改革创新

讲好"美丽故事"、做好"美丽产业"、弘扬"美丽文化"，如今，美妆小镇立足浙江，联动长三角，全力打造国内领先、具有国际影响力的化妆品产业集群。

美妆小镇依靠独特的地理位置和优良的管理方式，聚焦了一大批海内外知名化妆品品牌。随着美妆小镇打造时尚谷的步伐加快，从长三角到全国乃至全球的美妆产业项目纷至沓来。美妆小镇计划 10 年内集聚化妆品及配套项目 300 个（其中化妆品生产企业 100 家以上）的目标，到 2024 年提前超额完成了。

2019 年 11 月，美妆小镇第五届化妆品行业领袖峰会首次作为第二届中国国际进口博览会配套活动在湖州召开，埭溪由此找到了新的发力点。美妆小镇的国际影响力与日俱增：小镇已连续多年成功举办化妆品行业领袖峰会，邀请国内外化妆品行业专家共同研讨化妆品企业在全球范围内的发展趋势；还分别与包括国内外政府、协会等在内的 19 家单位、机构签订了战略合作协议，携手合作、共谋发展。

当初设计的打造产业集聚"新高地"、产城融合"新样板"、人才集聚"新磁场"、资源汇聚"新能量"、乡村振兴"新引擎"、质量监管"新典范"，基本全部成为现实。

第五节　美妆小镇向时尚谷的蝶变

埭溪聚力打造"美妆产业、美丽经济、美丽城镇、美好生活、美妆铁军"，以美妆产业发展美丽经济，让美丽的产业之花与文明之花竞相绽放，美美与共，相得益彰。埭溪着力打造有生态、有文化、有特色、有魅力的小镇，走出一条具有埭溪特色的"美丽升级"道路。

经过 10 年的建设，美妆小镇已成长为与上海东方美谷、广州白云美湾齐头并进的全国三大化妆品集聚区之一。《浙江省化妆品产业高质量发展实施方案（2020—2025）》明确将美妆小镇称为浙江化妆品产业核心承载区。

2020 年，为了进一步落实《浙江省化妆品产业高质量发展实施方案（2020—2025）》有关要求，聚力将美妆小镇打造成全省化妆品产业高质量发展示范区，吴兴区人民政府与浙江省药品监督管理局签订了共同打造化妆品创新监管与高质量发展示范基地战略合作协议，助力打造产业层次更高、功能配套更全、整体形态更美、辐射作用更强的美妆"时尚谷"。此次正式签订合作协议，对吴兴区致力于把美妆小镇作为浙江省化妆品生产企业监管与发展的排头兵，努力将其建设为全省乃至全国的美妆产业高地，具有重要的战略意义。

自此，埭溪牢牢锁定美妆小镇的产业定位和发展规划，高起点构建化妆品监管服务体系，于全国率先成立了集"专业化、规范化、精细化"于一体的化妆品行业监管所。

随着全球美妆产业项目纷至沓来，美妆小镇不断转型升级，以美妆为核心引领，开始注重布局时尚产业的新领域。在长三角深度融合的大背景下，美妆小镇加快发展美妆产业，并把生态旅游、时尚营销和功能配套等新业态植入产业链，以更高质量规划打造长三角"时尚之心"——"时尚谷"。

美妆小镇从 2015 年规划，2016 年启航，到 2020 年加速崛起，2024年取得里程碑式成就……10 年来美妆小镇的发展历程，荡气回肠，所有参与者、奋斗者、经历者都不免会流下感慨与激动的眼泪。

2016 年 3 月 28 日，美妆小镇迎来了首批重点项目集中开工仪式，集中开工的有 5 个产业项目及 10 个基础设施项目，总投资 20.91 亿元。会上，时任美妆小镇管委会常务副主任、埭溪镇党委书记朱建忠宣布了推动美妆小镇建设的三步战略。

第一步：更快步伐推进小镇建设。排定重点建设项目 27 个，其中生产制造类项目 9 个，公建配套类项目 10 个，基础设施类项目 10 个，计划总投资 36.17 亿元，其中 2016 年完成投资 10.63 亿元以上。

第二步：更大力度引进优质项目。锁定高端化妆品生产及配套企业，全年共排定重大招商推介活动 14 项，招商重点项目 24 个，实行一对一跟进。打造行业高端招引团队，充分发挥中国化妆品生产基地顾问作用，建立行业专家招商工作机制。

第三步：更高标准营造发展环境。充分整合省特色小镇、省级开发区和市、区政府的资源优势，最大限度为入园企业提供土地、税收等优惠政策。高标准完善公建配套，规划建设检测研发中心、美妆学院、化妆品博物馆、情景商业街等公建项目，着力提升小镇整体发展环境。健全服务机制，根据项目建设需要，优化人员结构，确保为入园项目提供最优质的服务。①

到了 2017 年 3 月，新任埭溪镇党委书记戚斌斌受邀参加 2017CBE 中国（上海）首脑精英荟，对中国美妆小镇做了推介，总结了美妆小镇 2016 年全年取得的成绩。他说：美妆小镇仅一年就接待了 200 多批次贵客前来考察指导洽谈，引进了 22 个重点项目，总投资额超 85 亿元。招商团队走遍了法国、德国、意大利、韩国等化妆品产业发达的国家，在法国巴黎、韩国首尔等地召开了多场招商发布会，并与法国的格拉斯小镇、普罗旺斯小镇和韩国乌山市等国外多个地方的政府及相关机构签订

---

① 中国"格拉斯"起航：美妆小镇首批重点项目启航，https://www.cbo.cn/article/id/36481.html。

了战略合作协议。①

2018 年 5 月，在美妆小镇成立之后埭溪镇第三任党委书记潘鸣主导下，美妆小镇第一届国际玫瑰文化节拉开序幕，美妆小镇 3A 级景区的创建、美妆全产业链发展模式的建设走上快车道。"一直以来，我们精心呵护着这里的一山一水，并将这份生态红利逐步转化成高质量发展的绿色动能。"②潘鸣说。

到了 2019 年 10 月，美妆小镇启动建设以来的第四任埭溪镇党委书记厉云燕对记者介绍，美妆小镇 3 年来累计引进项目 78 个，仅近一年就开工了 10 个项目，竣工了 6 个项目。美妆特色产业投资 1.9 亿元，同比增长了 30%。厉云燕"讲实效、马上办"的工作作风，带动了美妆小镇项目建设掀起新高潮。③"产、城、人、文"融合化妆品全产业链的新样板基本成形，美妆小镇跻身中国三大化妆品集聚区。2018 年开启的国际玫瑰文化节，也成为埭溪一年一度共推美妆产业、文化的舞台。

古镇埭溪正以其千年文化历史底蕴为基石，秀丽湖光山色为薪火，科技、时尚的美妆产业为飞翼，在中国浙北大地冉冉升起。

2020 年 9 月，在湖州市市长王刚主导下，湖州市自然资源和规划局网站发布《"五谷丰登"计划实施方案》，首批正式推出五个"创谷"："西塞科学谷""弁山云起谷""阳山时尚谷""顾渚画溪谷""莫干论剑谷"。"五谷"将成为湖州市发展新经济的重要引擎，这些山谷将形成湖

---

① 杨晓峰：美妆小镇去年揽 22 个优质项目 总投资超 85 亿，https://www.pinguan.com/article/content/9408.html。
② 郑嵇平：《青山下的美丽经济学》，《浙江日报》，2018 年 5 月 20 日。
③ 房斌斌：《初心故事|厉云燕：用心用情服务 引领美妆小镇再度腾飞》，https://m.thepaper.cn/baijiahao_4827783。

州市在绿水青山中构建的创新通道。其中的时尚谷位于湖州市水源地、埭溪老虎潭水库下游，以美妆小镇为基石，以时尚设计和产品发布为牵引，植入"时尚+"概念，着力于打造服务于长三角的"时尚乐活体验谷"。

美妆小镇将以美妆和文旅为核心动力，打造一个被玫瑰花海簇拥着的美妆时尚谷、"东方格拉斯"，向着梦想不断迈进。

从 2020 年开始，埭溪从以产业发展为中心，到以美妆为核心引领，把生态旅游、时尚营销和功能配套等新业态植入产业链，探索打造全新的时尚谷。

时尚谷以下沈港为脉，以狮子山、百架山两座山为屏，东起美妆博物馆，西至老虎潭水库大坝，核心区面积 4.4 平方千米，自东向西规划城镇空间、产业空间、自然空间，总体构建"一带、双屏、三轴、三片"的格局。

2021 年 4 月，美妆小镇成立以来的第五任镇党委书记程佳，在第四届国际玫瑰文化节上深情地介绍了美妆小镇的未来。他说："时尚谷的主题是'时尚'，聚焦完善时尚产业链；价值理念是'乐活'，强调健康、环保、时尚、有机、天然的生活方式。下一步，我们将锁定长三角'时尚之心'的战略定位，立足'三生融合'的发展路径，全力打造高辨识度的时尚地域 IP。"①

自此，产业融合成为埭溪经济社会发展的又一方向，埭溪致力于发

---

① 《从"美妆"到"时尚"：中国美妆小镇的"二次出发"》，https://baijiahao.baidu.com/s?id=169818 8706067107442&wfr=spider&for=pc。

展"工业＋生态＋文化＋旅游"的创新模式。

在推动产业链集聚的新形势下，更多目光聚焦在新经济、新业态、新模式上，抓好延链、强链、补链工作，依托科技孵化园、美妆科创中心两大小微产业园平台，进一步推动业态创新和资源整合，加快网红服务、供应链平台服务以及文创、电商等配套业态集聚，充分发挥行业龙头企业示范效应，推动上下游企业集聚，整合利用国内外各大行业展会资源，完善全产业链生态圈，吸引更多优质化妆品资源和企业汇聚。

美妆小镇的玫瑰庄园便是打造全产业链的生动体现。一朵玫瑰融合一、二、三产业，绽放别样精彩。

漫步美妆小镇的玫瑰庄园，各式品种的玫瑰花争相绽放，空气中满布玫瑰香气。2015 年，季梅来到埭溪镇，开始了她的玫瑰庄园建设之旅，良好生态环境下生长的玫瑰会被用于制作护肤品、精油、花茶、食品等。庄园内不仅有数百种玫瑰及 9999 棵玫瑰树傲然而立，还有玫瑰精油提炼、玫瑰 SPA 体验等一、二、三产业融合业态，玫瑰庄园打通了从美妆原料种植、产品研发生产到消费旅游体验的全链路。通过"工业旅游＋生态旅游"的模式，民宿经济、乡村旅游应势兴起，年均游客量突破 30 万人次，催生了美妆年货节，诞生了漫画等文创产品，产业、文化、旅游联动发展，指间鬓边缭绕的一缕芬芳在美妆小镇变成高质量发展的绿色动能。

任时光穿梭千年，玫瑰的那一抹艳丽，仍在埭溪这片人杰地灵的土地上绽放。

随着美妆小镇的转型升级，一批凝聚时尚元素的配套项目已在美妆小镇崭露头角，为美妆产业的发展提供检验检测、研发设计、人才培养、展示交流、营销推广等各种服务。美妆博物馆也开启运营。该馆除了有美妆历史文化展示，还嵌入了时尚购物、美容体验、新品发布等功能。同时，美妆小镇在加快打造时尚谷的进程中注重人才培养，引进教育集团，不断为美妆小镇输入技术人才。美妆小镇加强产学研协同体系构建，打造"高精尖"品牌，持续助力时尚产业创新发展。中国化妆品产业腾飞的梦想，正在埭溪美丽城镇的建设中逐渐变成现实，埭溪美妆产业矩阵正向时尚谷升级蝶变。

到 2020 年，美妆小镇已推出三条旅游精品路线——老虎潭水库、天字山古道和时尚谷美妆，为小镇的发展注入更多文化旅游元素，向外界展示美妆小镇拥有的更多可能性，进一步拓宽了美妆小镇"两山"理念的转化通道。

路线一：老虎潭水库。素有湖州"大水缸"之称的老虎潭水库，地处阳山，巍巍青山，风烟俱净，天山共色。"行到水穷处，坐看云起时。"这里绿树环绕着青山、白云映照着绿水，潭水水质常年达到国家一类标准，是埭溪最具代表性的景点。时尚谷就在老虎潭水库的下游，驾车自在穿梭于田园之间，累了，就可以来到埭溪的民宿稍作休憩，整装再出发。

路线二：天字山古道。"拨云寻古道，倚石听流泉。"天字山古道相传是当年朱元璋避难和隐居点之一，一条环形古道贯穿山宕、里阳和茅坞 3 个自然村，全程 15 千米左右。

路线三：时尚美妆线。美妆小镇使美妆文化与体验式旅游相结合，这里美妆企业云集，非常适合时尚产业与业态的植入，一批入驻的美妆企业的用户体验区也已上线，"工业旅游+生态旅游"的长三角时尚旅游模式逐步成熟。时尚谷再次引领美与时尚的潮流，打造美妆研发制造的高地，购物体验的天堂，成为全球的视觉盛宴、嗅觉天堂。

美妆小镇致力于将全域旅游做深做细，推动文旅、农旅、工旅产品体系建设。依托资源、生态、交通等优势，着力打造一条集生态资源、健康养生、美妆元素于一体的休闲旅游带。

2020年6月，"美美与共·美妆小镇云享荟暨第三届国际玫瑰文化旅游节"在美妆小镇的玫瑰庄园拉开帷幕。来自长三角地区的近百位业内人士参与了活动。美妆小镇已连续三年举办该活动。与以往不同的是，本届活动主打云模式，除了前期已经推出的云赏、云听、云游、云购四大子活动，活动当天也全程采用直播形式，引入云游路线推介、网红主播直播和美妆云购带货等多项新业态。本届国际玫瑰节融入了更多生态旅游及时尚文化元素，以花为媒，将美妆产业和生态旅游产业串点成线，以打造时尚谷的全新姿态加快融入长三角一体化发展。中国美妆小镇美妆健康协会和吴兴区民宿协会授牌，美妆小镇卡美啦网红直播基地也正式启动运营。在卡美啦网红直播基地三位当红主播的现场直播中，与会人员及数万名线上观众云游美景。美妆中心和卡美啦网红直播基地以线下线上互动的模式，为美妆小镇企业开拓市场吆喝。美妆健康协会的成立为美妆小镇进一步接驳长三角产业链开辟了新窗口；而引入网红直播基地、云购等新业态，将为美妆小镇集聚更多长三角时尚文化元素。埭溪这片绿水青山已将历史底蕴与产业发展融合在一起，并在长三角地区打出了特色品牌。[①]

一个成功的特色化妆品产业最重要的一点是具有包容性。所谓的包容性，是它能够"身兼数职"，具备非常多的功能。从经济上来看，它能够融合产业，带动产业协同高效发展，推动当地经济增长；从城市发展上看，它是地区的标志，能够发展区域文化，推动区域旅游发展；从生态、生活的和谐上来看，它是人与自然、人与人之间更加亲近无间的一种方式。

特色产业集群就是可供企业整合资源的岛屿。美妆小镇在放眼国际，吸引大批国内外知名美妆品牌来此投资设厂的同时，也要依托特色产业集群打造具有自身特色的中国美妆品牌。

美妆小镇在建设之初，就积极深化合作，借一体化东风筑梦长三角"时尚之心"。长三角地区是中国经济最活跃、最强劲的"发动机"。如今是一个变革与创新的时代，特别是长三角一体化加速推进，城市的发展迎来了全新的格局。从区域的关系看，城市之间从"邻里关系"逐渐升级为"队友关系"。从时空的关系看，"异地关系"逐渐升级为"同城关系"。美妆小镇紧扣"一体化"，开放合作按下"快捷键"，区域合作不断取得突破：与东方美谷签订战略合作协议，从构建一体化化妆品合作联盟、长三角化妆品基金、长三角美妆全球招商中心、美妆贸易联合体、干部双向交流学习五个方面开展合作，建立化妆品行业上下游产业链交流合作机制，抢抓长三角一体化发展机遇，立足"长三角美妆产业融合发展先行区、湖州市承接杭州产业转移集聚区"两大目标定位，狠

---

① 中国日报浙江记者站：时尚谷香飘长三角 第三届国际玫瑰文化旅游节开幕，https://zj.chinadaily.com.cn/a/202006/11/WS5ee1cd6ca31027ab2a8cf9f3.html?from=singlemessage&isappinstalled=0。

抓项目双产双进，推动长三角美丽健康产业一体化发展。

2023 年 11 月 16 日至 11 月 18 日，以"品质引领发展，美丽共创未来"为主题的美妆小镇第 7 届化妆品行业领袖峰会在埭溪举行。会上，政府相关部门、行业组织、领军企业、高校及科研院所等共同发表《中国化妆品高质量发展宣言》并倡导：国内化妆品经营主体应主动承担节约资源和保护环境的社会责任，贯彻绿色低碳循环的发展理念，加快构建可持续发展制造体系和绿色低碳技术支撑体系，加快实现低碳转型，走可持续高质量发展之路。同时首届"美妆小镇全球选品汇"也宣布正式启动。

会上，美妆小镇启动建设以来埭溪镇的第 6 任党委书记汤雪东做《美妆小镇发展报告》，为包括来自国家和省、区、市有关部门，国内外行业协会，科研机构及龙头企业的负责人等在内的 500 多位嘉宾阐述埭溪发展美妆小镇的理念、规划和未来。

汤雪东表示，近三年，美妆小镇的固定资产投资、工业技改投资等一直保持 60% 以上的高速增长，强劲的发展势头带来了更多的创富创业空间。小镇已初步形成集原料种植、研发、生产、包装、物流、仓储、销售等于一体的化妆品全产业链。美妆小镇建立了化妆品检测研发中心，致力于打造集化妆品研发、检测、认证、咨询等于一体的服务平台。为提升平台承载能力，建成科技孵化园、美妆科创中心、汇美商务中心等美妆产业园。小镇的人才公寓、情景商业街、文商综合体等也即将投入使用。政府要坚定地为企业提供良好的生长土壤，要始终把"服务投资者、尊崇企业家"作为应尽之责，只要企业有所需，政府必定有所为。[①]

2025 年年初，在作 2025 年埭溪镇人民政府工作报告时，镇长陶峰富有激情地说：在新的一年里，埭溪镇要全力以赴抓好项目招引落地，要坚持打好"一把手"招商、链式招商、基金招商、以商引商、驻点招商等组合拳，围绕美妆、智能制造等核心产业，聚焦生物医药、轻医美等新赛道，重点关注"专精特新""隐形冠军""单项冠军"企业。同时要常态化召开重点项目推进会，协调解决项目招引推进、开工投产、扩大投资等问题。锁定月度、季度、年度推进任务，主动靠前服务，全力推动各要素向项目聚集，构建重点项目全生命周期管理服务体系。贯彻落实《浙江省亲清政商交往若干行为指引（试行）》等制度意见，围绕省、区、市系列配套政策，最大限度推动优惠政策在基层、在企业兑现到位。深化美妆产业监管服务增值化改革，开展普通化妆品备案管理"加速池"机制省级试点和备案检验"同批异检"，力争在全省率先实现企业化妆品备案工作当日办结。

陶峰说，当企业需要政府服务的时候，要"随叫随到、不叫不到、说到做到"。镇政府组织班子成员、中层干部对全镇 70 余家规上企业进行"一对一"纾困，分析汇总共性问题，助力以商引商、落地企业扩大再投资。[②]

这就是美妆小镇创造奇迹背后的政府逻辑！

曾经的埭溪靠山吃山，矿业成为当地主要收入来源。发展理念转

---

① 周丽娜：《埭溪青山伴红妆》，https://baijiahao.baidu.com/s?id=1784965035389905838&wfr=spider&for=pc。《来做"最佳合伙人"！第 7 届化妆品行业领袖峰会上，美妆小镇向全国美妆企业抛出橄榄枝》，https://baijiahao.baidu.com/s?id=1782987228902605600&wfr=spider&for=pc。
② 《2025 年埭溪镇人民政府工作报告》。

变后，小镇引来了"金凤凰"。"埭溪很符合建立化妆品生产基地的条件。"2006年，怀揣着美妆梦，珀莱雅董事长侯军呈来到此地考察，大约两周就确定落户。

随着更多美妆企业建厂，曾经的"山旮旯"变成了美妆产业的"聚宝盆"。美妆小镇已成为浙江"十四五"期间化妆品产业的唯一核心承载区，也是全国三大化妆品集聚区之一。美妆小镇的崛起，是浙江整体产业红火一个缩影。截至2023年年底，浙江化妆品生产企业有634家，化妆品全产业链产值约1100亿元，占全国化妆品出口总额的25.4%，居全国第一。而埭溪美妆小镇是最耀眼的明星。

一家企业的成功离不开天时地利人和，一个世界级优秀品牌的打造往往需要多方面因素。国产化妆品品牌珀莱雅正在向世界讲述中国美妆小镇的故事。

珀莱雅董事长侯军呈是最早进行投资也是美妆小镇美妆产业最大的投资商。他表示，要向世界讲好中国美妆的故事，打造中国美妆产业标杆。美妆小镇的故事，就是最好的注解。

提升国际影响力，打造中国格拉斯。从16世纪起，欧洲人就知道最好的香水在格拉斯小镇。美妆小镇虽然没有格拉斯小镇一样悠久的生产历史，却具有优越的地理位置、优美的环境和良好的产业基础。美妆小镇犹如化妆品行业的一颗新星，正冉冉升起。[1]

美是一种产业，也是一种文化，更是一种追求。

---

[1] 王松、朱晨斓、陈海盛：《特色小镇：从法国格拉斯小镇到中国美妆小镇》，《中国经贸导刊（理论版）》（2017.26），第44—45页。

附文四

美妆小镇发展简史

2015 年

9 月 28 日—9 月 30 日

第一届化妆品行业领袖峰会在美妆小镇举行。

10 月 18 日

美妆小镇全球首次新闻发布会在法国巴黎卢浮宫举行。

11 月 20 日

第一家韩国化妆品企业——韩国韩佛株式会社签约入驻美妆小镇。

2016 年

3 月 28 日

举办美妆小镇首批重点项目集中开工仪式。

9 月 30 日

第二届化妆品行业领袖峰会在美妆小镇举办。

10 月 15 日

美妆小镇参加法国 Cosmetic 360 展会。

2017 年

10 月

美妆小镇先后与法国、韩国、澳大利亚等国家的政府机构及行业协会签订战略合作协议。

9 月 25 日

第三届化妆品行业领袖峰会在美妆小镇举办，峰会永久会址落户美妆小镇。

10 月 18 日—10 月 19 日

美妆小镇参加法国 Cosmetic 360 展会。

11 月 25 日

美妆小镇龙头企业珀莱雅在上海证券交易所上市。

2018 年

5 月 20 日

美妆小镇第一届国际玫瑰文化节成功举办。

9 月 16 日

美妆小镇举办第四届化妆品行业领袖峰会，全球行业领袖联合发表美妆宣言。

10 月

与意大利、西班牙、泰国等国家政府机构和行业协会签订战略合作协议。

10 月 17 日

美妆小镇参加法国 Cosmetic 360 展会。

2019 年

5 月 20 日—5 月 21 日

美妆小镇参加第 24 届中国美容博览会。

5 月 22 日

美妆小镇第二届国际玫瑰文化节成功举办。

6 月

美妆小镇重点项目集中开工。

10 月 16 日

美妆小镇参加法国 Cosmetic 360 展会，并在巴黎举行招商会。

11 月 10 日

美妆小镇化妆品行业领袖峰会自第五届起，被纳入中国国际进口博览会配套活动。

2020 年

6 月 10 日

美妆小镇美妆健康协会正式成立。

6 月 10 日

美妆小镇第三届国际玫瑰文化节成功举办。

6 月 22 日

全国首家化妆品行业监管所在美妆小镇成立。

7 月 9 日—7 月 11 日

美妆小镇参加第 25 届中国美容博览会。

11 月 9 日

浙江省化妆品产业高质量发展大会暨美妆小镇第 6 届化妆品行业领袖峰会在美妆小镇成功举办。

2021 年

4 月 27 日

美妆小镇第四届国际玫瑰文化节成功举办。

5 月 12 日—5 月 14 日

美妆小镇参加第 26 届中国美容博览会。

5 月 21 日

国家药品监督管理局高级研修学院教学基地落户美妆小镇。

2022 年

8 月 8 日

美妆小镇与白云美湾正式签订区域战略合作协议。

8 月 9 日

"宋词之州" 2022 中国词学高峰论坛在美妆小镇举办。

12 月 17 日

"时尚·食尚"产业融合发展大会暨"山味埭溪"品牌发布会在美妆
小镇成功举办。

2023 年

4 月 21 日

美妆小镇第五届国际玫瑰文化节成功举办。

5 月 12 日—5 月 14 日

美妆小镇参加第 27 届中国美容博览会。

9 月 4 日—9 月 6 日

美妆小镇参加第 62 届广州国际美博会。

10 月 18 日

美妆小镇参加法国 Cosmetic 360 展会。

10 月 25 日

美妆小镇举办"2023 世界非遗二十四节气与生命健康暨美妆小镇东方大美分论坛"。

10 月 30 日

浙江诗词大会（2023）总决赛暨颁奖典礼在美妆小镇举行。

11 月 16 日—11 月 18 日

美妆小镇举办第 7 届化妆品行业领袖峰会。

2024 年

3 月 8 日

美妆小镇·美好生活节成功举办。

4 月 12 日

美妆小镇在杭州成功举办"国货潮品浙妆有礼"浙江国潮美妆生活节。

4 月 29 日

美妆小镇第 6 届国际玫瑰文化节成功举办。

5 月 20 日

第二届"在湖州看见美丽中国"投资科技合作推介会暨湖州未来大会：美妆产业链对接会在美妆小镇成功举办。

8 月 10 日

浙江省药品监督管理局与湖州市人民政府战略合作协议签订暨支持美妆小镇高质量发展"一区一策"工作会议成功举办。

参考文献

[1] 《2025 年埭溪镇人民政府工作报告》。

[2] A. 德芒戎：《人文地理学问题》。

[3] 白居易：《白居易集》。

[4] 班固：《汉书》。

[5] 蔡沈：《书集传》。

[6] 曹锦炎等：《乌程汉简》。

[7] 陈均：《中兴两朝编年纲目》。

[8] 陈三立：《散原精舍文集》。

[9] 陈寿：《三国志》。

[10] 陈学文：《湖州府城镇经济史料类纂》。

[11] 陈越、万莼：《平台呼唤"雁归来"：浙商回归的湖州实践》，《浙江经济》（2017.7）。

[12] 程亦胜：《浙江安吉县上马山西汉墓的发掘》，《考古》（1996.7）。

[13] 《从"美妆"到"时尚"：中国美妆小镇的"二次出发"》，https://baijiahao.baidu.com/s?id=1698188706067107442&wfr=spider&

for=pc。

[14] 戴槃：《严陵纪略》（同治七年刻本）。

[15] 道宣：《大唐内典录》。

[16] 《第 25 届中国美容博览会举办：美妆小镇再掀热潮》，《中国化妆品》（2020.8）。

[17] 董斯张：《吴兴备志》。

[18] 杜光庭：《仙传拾遗》。

[19] 段玉裁：《说文解字注》。

[20] 范晔：《后汉书》。

[21] 房斌斌：《初心故事 | 厉云燕：用心用情服务 引领美妆小镇再度腾飞》，https://m.thepaper.cn/baijiahao_4827783。

[22] 冯贤亮：《明清江南的乡居环境、盗匪防范与地方治理》，《明清论丛》（2022.1）。

[23] 冯贤亮：《社会变动与地方行政：清代江南的客民控制》，《传统中国研究集刊》（第 6 辑）。

[24] 傅道彬：《春秋：城邦社会与城邦气象》，《北方论丛》（2010.3）。

[25] 郭海军、陈苏杭、周建忠等：《2015 年德清旧石器考古调查简报》，《东方博物》（2016.4）。

[26] 郭丽：《2019—2020 中国化妆品特色产业集群深度解读：以美妆小镇、东方美谷、铁定溜溜项目为例》，《中国化妆品》（2020.1）。

[27] 郭梦雨：《试论钱山漾文化的内涵、分期与年代》，《考古》（2020.9）。

[28] 郝敬：《毛诗原解》。

[29] 何文焕：《历代诗话》。

[30] 胡继根：《浙江省湖州市杨家埠古墓发掘报告》，《浙江省文物考古研究所学刊》（第7辑）。

[31] 黄宗羲，王珏、褚宏霞：《明夷待访录》。

[32] 解缙、姚广孝等：《永乐大典》。

[33] 金一鸣、高峰：《石油之子王启民》。

[34] 《来做"最佳合伙人"！第7届化妆品行业领袖峰会上，美妆小镇向全国美妆企业抛出橄榄枝》，https://baijiahao.baidu.com/s?id=178 2987228902605600&wfr=spider&for=pc。

[35] 乐史等：《太平寰宇记》。

[36] 李晖达：《试论浙江汉代土墩遗存》，《东南文化》（2011.3）。

[37] 李剑农：《中国近百年政治史》。

[38] 李明超、钱冲：《特色小镇发展模式何以成功：浙江经验解读》，《中共杭州市委党校学报》（2018.1）。

[39] 刘安：《淮南鸿烈集解》。

[40] 刘宝楠：《论语正义》。

[41] 刘才邵：《檆溪居士集》。

[42] 刘昫等：《旧唐书》。

[43] 刘义庆：《世说新语校笺》。

[44] 刘正武：《茗雪文化渊源及其文化品格论》，《浙江社会科学》（2009.8）。

[45] 鲁迅：《鲁迅全集》。

[46] 陆心源：《千甓亭古砖图释》。

[47] 陆心源：《吴兴诗存》。

[48] 吕本中：《春秋集解》。

[49] 吕留良：《吕留良全集》。

[50] 马峰燕：《宋代施渚镇考》，《中国历史地理论丛》（2010.2）。

[51] 马克斯·韦伯：《儒教与道教》。

[52] 茅坤：《茅坤集》。

[53] 茅维：《茅洁溪集》。

[54] 茅维：《十赍堂丙集》。

[55] 茅元仪：《石民甲戌集》（明崇祯刻本）卷1。

[56] 梅福根：《江苏吴兴邱城遗址发掘简介》，《考古》（1959.9）。

[57] 彭定求等：《全唐诗》。

[58] 钱穆：《中国近三百年学术史》。

[59] 钱谦益：《列朝诗集》。

[60] 钱谦益：《牧斋初学集》。

[61] 钱仲联：《诗坛点将录》。

[62] 人民楷模王启民创作组：《人民楷模王启民》。

[63] 山谦之，缪荃孙：《吴兴记》。

[64] 石油工业出版社：《改革先锋：王启民》。

[65] 石众：《王启民》。

[66] 司马迁：《史记》。

[67] 宋祁、欧阳修等：《新唐书》。

[68] 苏轼，王文诰：《苏轼诗集》。

[69] 苏斯彬、张旭亮：《浙江特色小镇在新型城镇化中的实践模式探析》，《宏观经济管理》（2016.10）。

[70] 孙诒让：《周礼正义》。

[71] 孙雨晨：《历史的绣像：清代题咏论》。

[72] 谈钥：《吴兴志》。

[73] 唐晏：《两汉三国学案》。

[74] 王敦书：《略论古代世界的早期国家形态：中国古史学界关于古代城邦问题的研究与讨论》，《世界历史》（2010.5）。

[75] 王国维：《观堂集林》。

[76] 王冕：《王冕集》。

[77] 王秋辉：《"PPP+"特色小镇：PPP模式在特色小镇建设中的研究》，《知识经济》（2017.12）。

[78] 王蕊：《吴越地区出土东周青铜器纹饰研究》。

[79] 王松、朱晨斓、陈海盛：《特色小镇：从法国格拉斯小镇到中国美妆小镇》，《中国经贸导刊（理论版）》（2017.26）。

[80] 王质：《雪山集》。

[81] 卫泾：《后乐集》。

[82] 吴兴：《全力打造特色小镇》，《政策瞭望》（2017.3）。

[83] 吴以群：《埭溪镇志》。

[84] 武威县博物馆：《汉简研究文集》。

[85] 习近平：《共谋绿色生活，共建美丽家园》，《人民日报》，2009

年 4 月 20 日。

[86] 习近平：《在省部级主要领导干部学习贯彻十八届三中全会精神全面深化改革专题研讨班上的讲话》，《人民日报》，2014 年 2 月 17 日。

[87] 辛文房：《唐才子传校笺》。

[88] 徐一士：《凌霄一士随笔》。

[89] 徐一士：《一士类稿续集》。

[90] 玄奘：《大唐西域记译注》。

[91] 杨镰：《全元诗》。

[92] 杨万里，辛更儒：《杨万里集笺校》。

[93] 杨晓峰：美妆小镇去年揽 22 个优质项目 总投资超 85 亿，https://www.pinguan.com/article/content/9408.html。

[94] 佚名：《氏族大全》。

[95] 俞国林：《吕留良诗笺释》。

[96] 郁建兴、张蔚文、高翔等：《浙江省特色小镇建设的基本经验与未来》，《浙江社会科学》（2017.6）。

[97] 袁康：《越绝书》。

[98] 张吉福：《特色小镇建设路径与模式：以山西省大同市为例》，《中国农业资源与区划》（2017.38）。

[99] 张履祥：《杨园先生全集》。

[100] 张梦新：《茅坤研究》。

[101] 张廷玉等：《明史》。

[102] 张元之：《吴兴山墟名》。

[103] 赵尔巽等：《清史稿》。

[104] 赵红娟：《感愤时事·托古慰志：茅维杂剧新资料的发现与内容探究》，《浙江大学学报》（2023.10）。

[105] 赵红娟：《哈佛大学燕京图书馆藏茅维〈茅洁溪集〉及其价值》，《中国文学研究辑刊》（2018.1）。

[106] 赵红娟：《论明代茅坤家族的家族特征》，《中国文学研究辑刊》（2021）。

[107] 赵建军、郑琦、马丽等：《湖州在绿色发展中先行》，《学习时报》，2016年4月5日。

[108] 赵明诚：《金石录》。

[109] 浙江采访忠义局：《浙江忠义录》（同治五年马新贻序刻本）卷1。

[110] 浙江省文物考古研究所、湖州市博物馆、德清县博物馆：《东苕溪流域夏商时期原始瓷窑址》。

[111] 《着眼全国大局发挥自身优势明确主攻方向 奋力谱写中国式现代化建设的陕西篇章》，《人民日报》，2023年5月18日。

[112] 郑嵇平：《青山下的美丽经济学》，《浙江日报》，2018年5月20日。

[113] 中共中央宣传部宣传教育局：《新时期铁人王启民》。

[114] 中国"格拉斯"起航：美妆小镇首批重点项目启航，https://www.cbo.cn/article/id/36481.html。

[115] 中国日报浙江记者站：时尚谷香飘长三角 第三届国际玫瑰文化旅游节开幕，https://zj.chinadaily.com.cn/a/202006/11/WS5ee1cd6ca31027ab2a8cf9f3.html?from=singlemessage&isappinstalled=0。

[116] 周建忠：《德清出土春秋青铜权杖考识》，《东方博物》（2004.4）。

[117] 周丽娜：《埭溪青山伴红妆》，https://baijiahao.baidu.com/s?id=17
84965035389905838&wfr=spider&for=pc。

[118] 周文璞：《方泉诗集》。

[119] 朱光潜：《谈读书》。

[120] 朱熹：《四书章句集注》。

[121] 朱右曾：《逸周书集训校释》。

[122] 朱祖谋，白敦仁：《彊村语业笺注》。

[123] 宗源翰，周学浚、汪日桢等：《湖州府志》。

[124] 宗源翰：《怡情馆闻过集》。